Rescate de la Crisis Mundial

*Una guía práctica
para emerger fortalecidos*

LAITMAN
KABBALAH PUBLISHERS

Dr. Michael Laitman

RESCATE DE LA CRISIS MUNDIAL:
UNA GUÍA PRÁCTICA PARA EMERGER FORTALECIDOS

Laitman Kabbalah Publishers,
1057 Steeles Avenue West, Suite 532, Toronto, ON, M2R 3X1, Canada

Bnei Baruch USA,
2009 85th Street #51, Brooklyn, New York, 11214, USA

Impreso en Israel

ISBN 978-1-897448-36-6

Traducción y edición: Kate Weibel
Revisión: Alicia Nem, Elena García,
Norma Livne, Alexander Neaman
Colaboración: Romi Guzmán, Alan Lucciano Pindo,
Laura Lisi, Laura López, Ángel de Vega,
Sharon Hanam, Rotem Gazit
Diseño y gráfica: Baruch Khovov
Portada: Luba Visotzki
Impresión y post-producción: Doron Goldin
Editor Asociado: Eli Vinokur, Riggan Shilstone
Editor Ejecutivo: Chaim Ratz

PRIMERA EDICIÓN: ENERO 2010
PRIMERA IMPRESIÓN

TABLA DE CONTENIDOS

I

Las Semillas de la Crisis

La crisis global que todos nosotros estamos padeciendo, no comenzó con el colapso de nuestro sistema financiero. Ésta ya existía mucho antes, intensamente arraigada en la naturaleza humana. De ahí que para comprender cómo podemos superar esta crisis y salir fortalecidos, debemos entender por qué nuestra propia esencia nos está llevando rumbo a una inevitable colisión con la naturaleza y entre todos nosotros.

CON MAPA Y BRÚJULA, Y AÚN PERDIDOS

Eran alrededor de las 9 a.m. cuando estacioné mi destartalada camioneta Toyota en un estacionamiento situado en una de las laderas norteñas del Monte Rainier, y mi amigo Josh y yo nos bajamos de la camioneta. Nuestro plan era descender caminando hacia el *Cataract Valley* (Valle de Cataratas), pasar la noche allí y salir de excursión al día siguiente. El pronóstico indicaba un hermoso y soleado día de julio, y estábamos seguros que por la tarde ya estaríamos hirviendo el agua para la cena en el campamento.

Ya que habíamos planeado estar de vuelta en el aparcamiento al día siguiente, nuestro abastecimiento de agua y comida eran mínimos. Sin embargo, una vez en la montaña, uno nunca sabe. Teníamos más o menos una hora en camino, cuando el clima de pronto se trastornó. Las nubes se empezaron a juntar sobre la montaña cubriendo la vista con una densa neblina. Sabíamos que la senda nos llevaría hacia el valle, y esperábamos que la niebla se esclareciera a medida que íbamos descendiendo. Pero estábamos equivocados. No sólo la niebla se hizo tan espesa que apenas podíamos ver el camino bajo nuestros pies, sino que el terreno en sí desapareció enteramente bajo extensos campos de nieve, dejándonos sin saber por dónde íbamos, sin tener idea de nuestra ubicación.

Como consecuencia de esto, Josh y yo nos vimos forzados a depender de nuestros limitados conocimientos de navegación. Nos volcamos, a regañadientes, a nuestro mapa y nuestra brújula para orientarnos (en ese entonces, el *GPS* todavía era considerado un dispositivo militar ultra secreto). Contábamos con dos cosas a nuestro favor: teníamos una vaga idea de dónde estábamos, y sabíamos que nuestro destino -nombrado tan acertadamente- era el *Cataract Valley*. Teníamos la esperanza de poder recorrer las cinco millas restantes de terreno accidentado apoyándonos únicamente en nuestro mapa y nuestra brújula, pero ya nos estábamos poniendo inquietos sobre nuestras perspectivas.

Trazamos una línea recta desde nuestra presunta posición hasta el valle, fijamos la aguja de la brújula en esa dirección e hicimos todo lo posible para poder seguirla. Sabíamos que en algún momento tendríamos que empezar a descender hacia el valle pero, por el momento, no podíamos ver más allá de unos cuantos metros, y el terreno bajo nuestros pies aún no mostraba ningún indicio de declinación. Lo que hizo las cosas peores fue que la suave pradera se nos estaba convirtiendo en colinas pedregosas, lo cual nos forzaba a proceder con extrema cautela.

Pero aún fue más clara la convicción de que era nuestra amistad y el hecho de que permanecimos unidos, lo que nos había salvado. Para mí, el Monte Rainier y, sobre todo el Valle de Cataratas, quedarán para siempre como un testimonio de la fuerza de la unidad.

Unas horas más tarde, mientras anochecía y nuestro miedo iba creciendo, de pronto se esclarecieron los cielos por un momento. Justo delante de nosotros, donde habíamos pensado que se encontraría la bajada hacia el valle, apareció la blanca de nieve de la cima del Monte Rainier en todo su esplendor.

Fue entonces cuando nos dimos cuenta que estábamos realmente perdidos. La noche se estaba acercando y no teníamos suficiente comida o agua sino para durarnos unas cuantas horas. Sabíamos que los guardaparques no empezarían a buscarnos sino hasta varios días después de que nuestro permiso de excursionismo hubiera expirado, y si le pasara algo a uno, o a ambos, no sabríamos dónde ni cómo encontrar ayuda.

Mientras evaluábamos angustiosamente nuestra situación, nuestras voces tensas empezaron a delatar nuestra ansiedad y pronto nos encontramos culpándonos el uno al otro por nuestro apuro. Por unos momentos, mientras el temor prevalecía, nuestra amistad se veía en peligro de extinción, pero como Josh y yo habíamos sido amigos desde siempre, nos apoyamos en nuestra experiencia del pasado para superar esta prueba. Así, después de una breve aunque sombría discusión, nos prometimos que en la mañana siguiente encontraríamos un sendero, contra viento y marea, y que lo haríamos juntos. Sin embargo, no queriendo extraviarnos más de lo que ya estábamos o toparnos con un oso errante, decidimos quedarnos allí mismo, y pasar la noche en la cresta.

Fue un gran alivio para nosotros cuando el día siguiente amaneció con un cielo tan claro y azul como el océano en un día de verano. Comparando el terreno frente a nosotros con los senderos marcados en el mapa, nos sentimos más o menos reorientados y llegamos a la lógica conclusión que si descendíamos desde la cresta, era muy probable que nos cruzáramos con alguno de los senderos que vimos en el mapa.

Con una nueva esperanza en nuestros corazones, comenzamos el descenso. Tres horas más tarde, con nuestras rodillas que apenas nos sostenían por habernos deslizado en la empinada y resbaladiza ladera de la montaña (lo cual se hizo aún más peligroso por las agujas de pino que cubrían el suelo), nos pusimos eufóricos, cuando finalmente descubrimos una huella humana en el barro. Luego encontramos una senda, y muy poco después, vimos un pequeño letrero de madera que decía: "*Cataract Valley*".

Nuestra sensación de alivio y alegría era indescriptible. Sabíamos que habíamos recobrado nuestras vidas. Pero aún fue más clara la convicción de que era nuestra amistad y el hecho de que permanecimos unidos, lo que nos había salvado. Para mí, el Monte Rainier y, sobre todo el Valle de Cataratas, quedarán para siempre como un testimonio de la fuerza de la unidad.

Lecciones extraídas de la Cuna de la Civilización

Hoy en día, cuando reflexiono sobre el estado del mundo, me encuentro a menudo bombardeado por los recuerdos de mis aventuras en el Monte Rainier, las cuales pueden ser vistas, en más de una forma, como un fuerte paralelismo con nuestra situación actual.

Cuando observamos el estado actual de la humanidad, puede parecer bastante nefasto, con un pronóstico de éxito realmente dudoso. Pero al igual que mi amigo y yo fuimos capaces de unirnos para salir sanos y salvos del bosque, también la humanidad podrá salir triunfante de esta crisis hacia un mejor futuro. Lo único que tenemos que hacer para lograrlo y garantizar nuestro éxito, es unirnos y colaborar.

De hecho, la unidad y la colaboración han sido siempre las herramientas para el éxito, tanto en la naturaleza como en la humanidad. Y como será demostrado en este libro, cuando se hace uso de estas herramientas, prosperamos. Cuando no lo hacemos, nos desintegramos.

Miles de años atrás, entre los ríos Éufrates y Tigris, en una vasta y fértil extensión de tierra llamada "Mesopotamia", vivía una floreciente sociedad en una ciudad-estado llamado "Babilonia". Esta ciudad era muy animada y llena de vida, siendo el centro de comercio de lo que ahora llamamos: la "Cuna de la Civilización".

Acorde a una civilización en el esplendor de su juventud, Babilonia era un crisol de culturas, rebosante de una variedad de sistemas de creencias y enseñanzas. Adivinación, lectura de cartas, rostros y palmas. La idolatría y muchas otras prácticas esotéricas, eran todas comunes y aceptadas en Babilonia.

Entre los más prominentes y respetados del pueblo babilonio había un hombre llamado Abraham. Este hombre era un sacerdote idólatra, tal como su padre, además de ser muy afectuoso y perspicaz.

Así sucedió que Abraham se dio cuenta que las personas a quienes tanto amaba se estaban separando cada vez más, de modo que la camaradería que había entre la gente se estaba desvaneciendo poco a poco y sin motivo aparente. Abraham sintió que una fuerza oculta, que había entrado en juego, estaba causando la alienación de las personas. No podía entender de dónde había llegado esa fuerza y por qué no había aparecido antes. En el proceso de su investigación, Abraham comenzó a cuestionar sus creencias y su modo de vida. Empezó a ponderar cómo fue construido el mundo, cómo y por qué las cosas estaban sucediendo y qué era lo que se requería de él para poder ayudar a sus conciudadanos.

SABIDURÍA EN LA CARPA

Abraham, el curioso y atento sacerdote, se sorprendió al descubrir que el mundo funciona movido por deseos o, más precisamente, por dos deseos: el de dar y el de recibir. Encontró que para crear al mundo, estos deseos habían formado un sistema de reglas, tan profundo, extenso y global, que hoy sólo podemos considerarlo como ciencia. Sin embargo, en ese entonces, el término "ciencia" no existía. Pero Abraham no tenía necesidad de una definición, sino de tratar de explorar esas nuevas reglas y aprender la forma en que podrían ayudar a la gente que él tanto amaba.

Abraham descubrió que estos deseos forman un tejido que moldea todo nuestro ser. Y que no sólo determinan nuestro comportamiento, sino que intervienen en el total de la realidad: en todo lo que pensamos, vemos, sentimos, saboreamos y palpamos. También encontró que el sistema de reglas que él había descubierto, había creado un mecanismo que mantiene el balance entre todos sus elementos, de modo que uno no supere al otro. Y como estos deseos son dinámicos y, por lo tanto, cambiantes, Abraham llegó a la acertada conclusión de que la gente se estaba apartando cada vez más porque se había roto el balance entre sus deseos. Es decir, su deseo interno de recibir se había vuelto más fuerte que el de dar, convirtiéndose así en un deseo ego-céntrico de auto-satisfacción, o egoísmo.

Abraham sabía que la única manera de revertir esta tendencia era que las personas se unieran a pesar de su creciente egoísmo, y que si esto se lograba, un nuevo nivel de unidad y camaradería le aguardaba a su pueblo más allá de su creciente desconfianza hacia los demás. No obstante, para alcanzar ese nivel, tenían que unirse, y Abraham, sabiendo que había encontrado la respuesta a la desdicha de sus compañeros babilonios, mantuvo la esperanza de que ellos también la encontrasen.

Pero con el fin de que también ellos pudieran llegar a esos descubrimientos y así recuperar su previo sentido de camaradería y amistad, tenían que tomar parte activa en el proceso, y hacerlo por sí mismos. Abraham sabía que no sería capaz de ayudarles a menos que ellos realmente quisieran su ayuda. Pues, aunque las personas estaban conscientes de su propia infelicidad, no sabían el porqué de su desdicha, y mucho menos, la solución. Por lo tanto, la primera tarea de Abraham era explicarles qué es lo que había pasado y por qué estaban sufriendo.

La unidad y la colaboración han sido siempre las herramientas para el éxito, tanto en la naturaleza como en la humanidad.

Ansioso de comenzar, montó una carpa e invitó a la gente para comer, beber y aprender sobre las reglas que él había descubierto.

Abraham era un hombre famoso, un sacerdote, por lo que muchos vinieron a escucharlo. Sin embargo, pocos quedaban convencidos. Los demás simplemente siguieron con su vida, tratando de resolver sus problemas como antes.

Pero el hallazgo revolucionario de Abraham no pasó inadvertido por las autoridades y pronto se vio enfrentado por la máxima autoridad de Babilonia de ese entonces: el gobernante Nimrod. En un famoso debate entre Abraham y Nimrod, quien era muy versado en las enseñanzas de su tiempo, el gobernante fue amargamente derrotado. Mortificado, buscó la venganza e intentó quemar a Abraham en la hoguera. No obstante, Abraham logró escaparse junto con su familia, dejando Babilonia atrás.

Abraham sintió que una fuerza oculta, que había entrado en juego, estaba causando la alienación de las personas. No podía entender de dónde había llegado esa fuerza y por qué no había aparecido antes.

Viviendo ya la vida de un nómada, Abraham montaba su carpa en dondequiera que estuviera, e invitaba a los residentes locales y a los transeúntes a conocer las reglas que él había descubierto. En sus viajes, atravesó Harán, Canaán, Egipto y finalmente de vuelta a Canaán.

Para ayudar a transmitir lo que había descubierto, Abraham escribió el libro que hoy conocemos como *El Libro de la Creación*, donde presentó la esencia de sus revelaciones. Su nuevo propósito en la vida era explicar y expandir estos conceptos a cualquiera que quisiera escucharlos. Sus hijos, junto a otros estudiantes que aprendieron de él, crearon en conjunto una dinastía de estudiosos que han estado elaborando y aplicando su método desde entonces. *El Libro de la Creación*, aunado a la dedicación de sus estudiantes, garantizaron que los descubrimientos de Abraham siguieran viviendo de generación en generación hasta que, en última instancia, se encontrasen disponibles para ser aplicados por la generación que más los necesitara: ¡la nuestra!

3
LAS CORRIENTES DEL DESEO

Cuando contemplamos el estado de la humanidad en los tiempos de Babilonia, podemos comenzar a entender por qué Nimrod rechazó el descubrimiento revolucionario de Abraham. Incluso hoy, después de que la especie humana ha dedicado siglos enteros a la búsqueda de la fórmula perfecta y única que esclareciera todo, la explicación de la realidad que ofreció Abraham parece demasiado simple para ser verdad, es decir, hasta el momento en que empezamos a ponerla en práctica.

Como expusimos en el capítulo anterior, Abraham descubrió que la realidad consiste en dos deseos. Uno es el deseo de dar y el otro, el de recibir. Abraham descubrió que todo lo que nunca antes había existido, lo que hoy existe y lo que jamás existirá, es el resultado de la interacción entre estas dos fuerzas o deseos. Cuando estos dos deseos trabajan en armonía, la vida fluye tranquilamente. Pero cuando entran en colisión, tenemos que lidiar con las consecuencias: calamidades y crisis colosales.

A través de estos descubrimientos, Abraham llegó a entender cómo se originaron la vida y el universo y cómo evolucionan. Encontró que nuestro universo había nacido hacía aproximadamente catorce mil millones de años, cuando se produjo un masivo estallido de energía desde un punto minúsculo, algo que nunca más se ha vuelto a repetir. Del mismo modo que el esperma y un óvulo se unen para formar un embrión en el momento de la concepción, así fue "concebido" el universo, cuando el deseo de dar y el deseo de recibir se unieron por primera vez en esta explosión denominada "el *Big Bang*". De ahí que todo lo que existe en nuestro universo es una manifestación de la fusión de estas dos fuerzas-deseos.

Al igual que las células de un embrión empiezan a dividirse inmediatamente después de la concepción y dan lugar al organismo del futuro bebé, así, el deseo de dar y el de recibir comenzaron a crear y a formar la materia de nuestro universo inmediatamente después del *Big Bang*. A continuación, a través de un proceso extendido de miles de millones de años, que en cierta medida continúa aún hoy, los gases se fueron expandiendo y contrayendo alternadamente y se crearon las galaxias, formando las estrellas en su interior. Cada expansión de los gases vino propulsada por el deseo de dar, el cual expande y crea, mientras que cada contracción fue el resultado del deseo de recibir, el cual absorbe y se contrae por naturaleza.

Al igual que las células de un embrión empiezan a dividirse inmediatamente después de la concepción y dan lugar al organismo del futuro bebé, así, el deseo de dar y el de recibir comenzaron a crear y a formar la materia de nuestro universo inmediatamente después del Big Bang.

La humanidad, al igual que el universo, es un sistema perfecto compuesto por una multitud de elementos que interactúan entre sí. Y tal y como el universo está compuesto de miles de millones de galaxias, así se han combinado miles de millones de personas para dar lugar a la humanidad. Y tal como hay estrellas en las galaxias, encontramos personas en los estados y naciones. Y finalmente los órganos, el tejido y las células en los cuerpos de cada persona son como los planetas, los cometas y los asteroides que orbitan alrededor de sus soles.

El proceso de expansión y contracción es el que da forma al incesante flujo y reflujo de la vida, propulsado en un momento por el deseo de dar y en el otro, por el deseo de recibir. Ya sean galaxias, soles o planetas fundiéndose para formar nuestro universo, o células, tejidos y órganos combinándose para formar un ser humano, esta interacción de deseos es lo que constituye el corazón de la Creación.

Al igual que las estrellas, el Planeta Tierra evolucionó mediante el proceso de expansión y contracción resultantes de la interacción de los deseos. Cuando la Tierra estaba recién formada, su superficie reflejaba el flujo de expansión y el reflujo de contracción. Cada vez que predominaba el deseo de dar, el tórrido interior de la Tierra expulsaba ríos de lava fundida. Y cada vez que la fuerza de recibir prevalecía, la lava se enfriaba y formaba nuevos estratos de tierra. Con el tiempo, se formó en la Tierra una corteza lo suficientemente fuerte para permitir la aparición de la vida tal y como la conocemos.

Si indagáramos más a fondo, nos encontraríamos con las mismas dos fuerzas -de entrega y recepción- entrelazando su magnífico tejido de vida en el interior de cada ser creado. En ese proceso de confección, el deseo de dar es el que crea la materia, como en el caso del *Big Bang* o de un bebé recién nacido, y el deseo de recibir le da forma a la materia, al igual que las estrellas y las células diferenciadoras de los organismos.

EL NACIMIENTO DE LA VIDA

La historia no termina con la creación del universo. El bebé recién nacido no puede controlar sus manos o piernas, las cuales parecen moverse erráticamente en el aire. Sin embargo, estos movimientos aparentemente erráticos encierran una gran importancia: después de muchos intentos y repeticiones, el bebé va aprendiendo, poco a poco, qué movimientos son convenientes y cuáles no. A menos que haga intentos de darse vuelta, gatear y, más tarde, caminar, no llegará a aprender con el tiempo, cómo debe efectuarlos. En un bebé, la fuerza vital (el deseo de dar) es la que da lugar al movimiento. Pero es el deseo de recibir lo que le aporta dirección a esa fuerza de vida y el que determina cuáles de las expresiones del deseo de dar (movimientos) deben permanecer y cuáles no.

Podemos aplicar este mismo principio a la primera infancia de la Tierra. Mientras la tierra se enfriaba, las partículas impulsadas por el deseo de dar iban desplazándose al azar. El deseo de recibir provocó que esas partículas se contrajeran y se agruparan, y de esos grupos que se crearon sólo sobrevivieron los más estables, dando forma a los primeros átomos.

También los átomos se trasladaban al azar, pues su deseo de dar los lanzaba erráticamente y el deseo de recibir los fue formando, paulatinamente, en grupos más estables: las primeras moléculas. Desde ese momento, el camino hacia la primera criatura ya estaba allanado.

En los niños, los deseos de dar y recibir se manifiestan en las formas más adecuadas a sus necesidades. Primero, los bebés desarrollan las capacidades motoras que les permiten amamantarse o agarrar el meñique de su papá. A continuación, surgen las destrezas sociales como la sonrisa o el fruncir el ceño. A medida que va pasando el tiempo, desarrollan el lenguaje y unas habilidades más complejas. Pero en cada uno de esos casos, el deseo de dar es el que genera el movimiento y la energía, y el deseo de recibir, el que determina su forma definitiva.

Durante el proceso de la Creación, estos deseos cooperaron para dar lugar a criaturas cada vez más complejas. Primero aparecieron las criaturas unicelulares. Luego, estas criaturas aprendieron a colaborar para aumentar sus posibilidades de supervivencia. Algunas células eran más sobresalientes en la función respiratoria y, por lo tanto, se convirtieron en las encargadas del suministro de oxígeno a todas las demás células. Otras aprendieron a digerir eficazmente y se convirtieron en responsables de la provisión de nutrientes al resto de las células de la "colonia". Y otras aún aprendieron a pensar por todas las demás, convirtiéndose así en el cerebro de la "colonia".

Así se fueron formando las criaturas pluricelulares donde cada célula tenía un rol y responsabilidad únicos, al mismo tiempo que dependía del resto de las células para su propia subsistencia. Esta cualidad es la que caracteriza a las criaturas complejas como las plantas, los animales y, sobre todo, al ser humano.

LOS ALBORES DE LA HUMANIDAD

Capa tras capa, la vida continuó evolucionando, siguiendo tranquilamente su curso hasta que finalmente aparecieron los seres humanos. Los primeros humanos eran más cercanos a los simios. Se alimentaban de lo que encontraban en el suelo o en los árboles y cazaban lo que podían. Cooperaban unos con otros, pero lo hacían sólo por instinto.

Los seres humanos, sin embargo, a diferencia de otros animales, descubrieron que para incrementar sus probabilidades de supervivencia, debían centrarse en el desarrollo de su intelecto y no en el de sus cuerpos. A consecuencia de ello, aprendieron a fabricar armas para la caza, en lugar de utilizar sus manos o rocas. También aprendieron a utilizar contenedores para la recogida y el almacenamiento de alimentos. Con el trascurso del tiempo, los seres humanos fueron mejorando progresivamente el uso de su intelecto, y esto incrementó aún más sus posibilidades de supervivencia. Así, poco a poco, la raza humana se convirtió en dueña y señora de la Tierra.

La comprensión de que podíamos cambiar nuestro entorno para satisfacer nuestros deseos, cambió el futuro de la humanidad para siempre. No teníamos que depender más de la naturaleza sino sólo de nuestro propio ingenio. Ese punto de inflexión fue el nacimiento de lo que ahora conocemos como "la civilización".

La capacidad de usar herramientas para aumentar la producción de alimentos y construir mejores refugios, nos ofreció una posibilidad única que no estuvo a disposición de otras criaturas: en vez de transformarnos para adaptarnos a los dictados de la naturaleza, nos dimos cuenta de que podíamos cambiar nuestro entorno para adaptarlo a nuestras necesidades. Desde entonces esta actitud ha sido el elemento clave en la evolución de la humanidad.

La comprensión de que podíamos cambiar nuestro entorno para satisfacer nuestros deseos, cambió el futuro de la humanidad para siempre. No teníamos que depender más de la naturaleza sino sólo de nuestro propio ingenio. Ese punto de inflexión fue el nacimiento de lo que ahora conocemos como "la civilización".

Los albores de la civilización, hace unos diez mil años, era una época hermosa. Perfeccionamos nuestras herramientas de caza, desarrollamos la agricultura, inventamos la rueda, y vimos cómo alegremente la vida pasaba de ser buena a ser mejor. La única complicación en la capacidad de ir progresivamente mejorando nuestras vidas, es que esta habilidad nos hizo sentir mucho más fuertes de lo que realmente somos. Empezamos a sentirnos superiores a la naturaleza y es justamente eso lo que demostraría ser la raíz de todos los males.

4

EL SECRETO DE LOS DOS DESEOS

En el capítulo anterior, explicamos que el deseo de dar es lo que crea la materia y el deseo de recibir le da forma. Los seres humanos no son una excepción a la regla: recibimos nuestra energía vital del deseo de dar y nuestra forma viene dada por el deseo de recibir. Sin embargo, como hemos visto que podemos cambiar nuestro entorno para satisfacer nuestros deseos, permanecimos centrados exclusivamente en el deseo de recibir. Es decir, hemos ignorado el hecho de que la energía y la vida que recibimos no se originan en el deseo de recibir, sino en el de dar.

Al darnos cuenta de que podemos cambiar el entorno a nuestro favor, hemos ido desarrollando formas cada vez más sofisticadas de hacerlo, y es esta habilidad la que nos distingue como seres humanos. Hemos aprendido que con el objetivo de aumentar el placer, podemos utilizar la inteligencia en lugar de la fuerza física.

Sin embargo, para que este aumento sea eficaz, debemos saber qué partes de la naturaleza podemos cambiar, cuándo y cómo. Por ejemplo, la agricultura en sí, constituye un cambio en la naturaleza ya que en vez de simplemente recolectar, digamos, avena silvestre, podemos domesticarla: hacerla crecer en un campo, producirla en mayores cantidades y recogerla con mayor facilidad. No obstante, para evitar daños al medio ambiente, los agricultores deben tener presentes diversos factores influyentes, asegurándose de que no ponen en peligro el equilibrio general.

Y para ser capaces de mantener ese delicado equilibrio, debemos ser conscientes de todos los elementos que intervienen en la formación del medioambiente, comenzando por el deseo de dar y el de recibir y las relaciones entre ellos. De otro modo, es como si estuviéramos tratando de construir una casa sin saber cómo crear una base fuerte y estable, o planificando el número de habitaciones sin saber cuántas personas vivirían allí.

La interacción entre los dos deseos se nos escapa, ya que constituye la base misma de nuestra naturaleza, la cual se encuentra en un nivel aún más profundo que el de nuestra conciencia. Pero una vez que entendemos la forma en que estos deseos interactúan entre sí para dar lugar a la vida, podemos poner esta información en práctica y descubrir cómo beneficiarnos de ello.

Y para ser capaces de mantener ese delicado equilibrio, debemos ser conscientes de todos los elementos que intervienen en la formación del medioambiente, comenzando por el deseo de dar y el de recibir y las relaciones entre ellos.

Con todo, si seguimos esa línea y construimos nuestras vidas teniendo en cuenta ambos deseos, nuestro sentido común se enfrentará a retos con frecuencia. Nos encontraremos considerando acciones y actitudes que parecen carecer de sentido para nuestro deseo de recibir, pues él *sólo* quiere recibir. Por ejemplo ¿qué ganaría yo con darle algo a alguien que no conozco, que ni me interesa y que jamás me devolverá el favor? Esto no tiene ningún sentido para mi deseo de recibir.

Y si alguien dijera que me conviene hacerlo porque así yo llegaría a conocer la otra mitad de la realidad -el deseo de dar- y que al hacerlo, podría incluso llegar a conocer la fuerza que genera vida y a comprender cómo funciona, es muy probable que le recomendaría a esa persona consultar a un terapeuta, antes de convalidar sus palabras...

Si lo reflexionáramos por un momento, nos daríamos cuenta de que no es tan difícil identificarnos con Nimrod, el gobernante de la antigua Babilonia. Es muy probable que todo su deseo fuera el de proteger a sus súbditos de Abraham, el "anarquista". Abraham predicó la unidad como una cura para la creciente alienación y separación que padecían los habitantes de Babilonia. Argumentó que la única razón por la que la afinidad entre las personas iba desapareciendo, era el hecho de que no eran conscientes de la existencia del otro deseo que genera vida: el deseo de dar. Si lo conociesen, trató de explicarles, podrían obtener los frutos de estar viviendo el total de la realidad con sus dos deseos, relacionándose armoniosamente unos con otros.

Sin embargo, como nadie más que Abraham tuvo la suerte de dar con este descubrimiento en aquel entonces en Babilonia, él fue tomado por un excéntrico más que por un redentor. Nimrod pensó que los argumentos de Abraham no sólo eran insensatos, sino que además eran perjudiciales para el orden de la vida en su reino. Y el hecho de que Abraham fuera el hijo de un renombrado y respetado fabricante de ídolos le preocupó a Nimrod, aún más. La gente adoraba felizmente a sus ídolos y Nimrod no tenía ninguna intención de interrumpir esa tranquilidad. Él no tenía manera de saber que los días de Babilonia, viviendo como una comunidad tranquila y feliz, ya estaban contados.

Así, sucedió que Nimrod escogió el camino de la negación y la gran mayoría de sus súbditos le siguieron hacia una destrucción anunciada.

COMO UN NIÑO HUÉRFANO DE MADRE

Para entender por qué nuestro desconocimiento del deseo de dar es tan perjudicial, podemos ilustrarlo comparando el parentesco entre el deseo de dar y el de recibir, a la relación de una madre con su hijo. En una relación sana, el niño sabe quién es su madre y sabe a quién debe acudir cuando tiene hambre, frío o cansancio. Pero ¿qué pasa si el bebé es huérfano de madre? ¿A quién puede entonces dirigirse para satisfacer sus necesidades? ¿Quién le da de comer, lo viste, le da calor, cariño y amor? El bebé tendría que cuidar de sí mismo, y entonces ¿cuáles serían sus probabilidades de supervivencia?

Desde ese fatídico día, hace unos 4000 años, en que Nimrod persiguió a Abraham fuera de Babilonia, la humanidad ha sido como ese niño, avanzando a tientas de la mejor manera posible por la incertidumbre de la vida. Es decir, hemos salido adelante, pero nos hemos apartado del deseo de dar y, por lo tanto, de la fuerza que otorga vida y que nos nutre a nosotros y al resto del universo.

Como un niño huérfano, sin madre, nos hemos visto privados de orientación, tratando de aprender a sobrevivir mediante ensayo y error. En nuestros intentos por encontrar un orden sostenible en la vida, hemos intentado vivir en: clanes, esclavitud, la democracia griega, el feudalismo, el capitalismo, el comunismo, la democracia moderna, el fascismo, y hasta incluso el nazismo. Buscamos consuelo para nuestros miedos a lo desconocido en: la religión, el misticismo, la filosofía, la ciencia, la tecnología, el arte, y de hecho, en cada área de actividad humana. Todas esas ideologías y búsquedas nos prometieron llevarnos a una vida feliz. Pues ninguna de ellas ha cumplido esa promesa.

Desde ese fatídico día, hace unos 4000 años, en que Nimrod persiguió a Abraham fuera de Babilonia, la humanidad ha sido como ese niño, avanzando a tientas de la mejor manera posible por la incertidumbre de la vida.

===

Al no tener consciencia de la existencia del deseo de dar y de la necesidad de estar en armonía con él, tal y como hacen todos los demás elementos en la naturaleza, hemos venido actuando únicamente en base a nuestro deseo de recibir. Así, hemos creado sociedades deformadas y gobernadas de manera descontrolada por la explotación y la tiranía.

Es cierto que la humanidad ha alcanzado grandes logros, como la medicina moderna, la abundancia de alimentos y la producción de energía. Pero cuanto más hemos ido avanzando, peor uso hemos hecho de nuestros logros, haciendo que las diferencias entre nosotros sean cada vez mayores e incrementando la injusticia social.

No es culpa de nadie el hecho de que hoy en día, las sociedades humanas estén deformadas y sean intrínsecamente injustas, ya que sin tener conocimiento sobre el deseo de dar, nos queda una sola opción en la vida: recibir lo que podamos y cuanto podamos. De ahí que aquellos que son explotados hoy serán los explotadores de mañana si llegan al poder, ya que cuando trabajamos exclusivamente con el deseo de recibir, todo lo que queremos es... recibir.

5

HUMANIDAD INSACIABLE

Nuestro mundo descalabrado es, en realidad, el triste resultado de la ignorancia humana respecto a la existencia del deseo de dar. Esto contrasta con el resto de la naturaleza, que constituye un magnífico ejemplo del equilibrio entre los dos deseos. En un ecosistema tan diverso como el del Planeta Tierra, cada criatura tiene su rol único y especial. Si se perdiera o faltara tan sólo un elemento, ya sea mineral, vegetal o animal, dicho sistema quedaría incompleto.

Un esclarecedor informe, presentado en EEUU al Departamento de Educación en octubre

de 2003 por las doctoras Irene Sanders y Judith Mc-
Cabe, muestra, sin dejar lugar a dudas, lo que ocurre cuando rompemos el equilibrio de la naturaleza:

"*En 1991, una orca -una ballena asesina- fue vista mientras comía una nutria marina. Orcas y nutrias
suelen coexistir pacíficamente. Entonces, ¿qué había ocu-
rrido? Los ecólogos encontraron que la perca y el arenque
también estaban desapareciendo. Las orcas no comen esos
peces, pero las focas y los leones marinos sí. Y las orcas
suelen comer focas y leones marinos, cuya población también había disminuido. Por lo tanto, privadas de sus focas
y leones marinos, las orcas comenzaron a considerar a las
juguetonas nutrias marinas como una opción de cena.*

*Así pues, la nutria había desaparecido porque los
peces que, para empezar, nunca llegó a comer, habían
desaparecido. Ahora, la onda sigue propagándose, pues
resulta que las nutrias ya no están ahí para ingerir erizos
de mar cuya población, por lo tanto, crece descontrola-
damente. A su vez, los erizos de mar se alimentan de
bancos de algas del lecho marino, por lo que están exter-
minando dichas algas. Las algas han sido el hábitat de
los peces que proporcionan alimento a gaviotas y águilas.
Al igual que las orcas, las gaviotas pueden encontrar otro
alimento, pero el águila americana no, y por lo tanto,
tienen un serio problema.*

*Todo esto comenzó con la disminución de la perca y
el arenque. ¿Por qué? Pues, los balleneros japoneses han
estado cazando una variedad de ballenas que se alimen-*

*tan de los mismos organismos microscópicos que alimen-
tan al abadejo [un tipo de pez carnívoro]. Con más peces
para comer, el abadejo abunda y, a su vez, ataca a la
perca y al arenque, los cuales solían ser alimento para
focas y leones marinos. Con la disminución del número
de leones marinos y focas, las orcas se ven obligadas a
recurrir a la nutria".*

De ahí, que la salud y el bienestar verdaderos
sólo se alcanzan cuando hay equilibrio y armonía
entre todas las partes que componen un organismo o sistema. Sin embargo, somos tan inconscien-
tes de la otra fuerza de la vida -la fuerza de dar-,
que no somos capaces de alcanzar este equilibrio,
ni tan siquiera definir de manera certera lo que
significa "saludable".

---

*La salud y el bienestar verdaderos sólo se al-
canzan cuando hay equilibrio y armonía entre
todas las partes que componen un organismo o
sistema.*

===

La definición de salud que proporciona la *En-
ciclopedia Británica Concisa* realmente capta nuestra
capacidad de sorpresa: *"La buena salud resulta más
difícil de definir que la mala salud (la cual equivale a
la existencia de enfermedad), ya que debe transmitir una
idea aún más positiva que la mera ausencia de enfermedad".* Pero puesto que no tenemos percepción de

la fuerza positiva de la vida, somos incapaces de definir un estado positivo de existencia.

Todos nosotros tenemos sueños y todos deseamos que se hagan realidad. Pero por desgracia, lo cierto es que nunca llegamos a tener la sensación de haber hecho realidad todos esos sueños, pues, aunque éstos se cumplieran, llegarán otros nuevos que reemplazarán a aquellos que acabamos de satisfacer. Y el resultado de todo esto es que *nunca nos sentimos satisfechos*. Y cuanto más nos esforzamos por lograr riqueza, poder, fama, y todo aquello que nos parezca deseable, más insatisfechos y desilusionados nos volvemos.

Es así, entonces, que cuanto más tenemos, más frustrados y desesperados nos sentimos pues esto significa que habremos estado invirtiendo más esfuerzos en la búsqueda de la felicidad y que, por consiguiente, hemos venido fracasando más frecuentemente y posiblemente, más amargamente. He aquí una explicación de por qué los países más ricos suelen registrar mayores tasas de depresión.

Irónicamente, hay un aspecto positivo en la depresión. Es un indicador de que hemos estado abandonando la manera de Nimrod de centrarnos únicamente en nuestro deseo de recibir. Las personas que están deprimidas son aquellas que no ven ninguna perspectiva de alegría o felicidad en el futuro. Ya tienen experiencia de sobra con los

fracasos en la vida como para caer en otro intento
fallido de alcanzar la felicidad. Sin embargo, el remedio para la depresión está a nuestro alcance, si
sólo nos diéramos cuenta de que existe otra parte
en la realidad: la parte de la entrega. Si sólo lográ-
ramos ver que hemos estado tratando inútilmente
de extraer alegría de un vacío -el deseo de recibir,
una fuerza que no sabe otorgar sino sólo recibir-,
entonces, recobraríamos toda la esperanza y la
energía que se había llevado la depresión.

De hecho, la realidad es una criatura de dos
piernas, pero nosotros hemos estado utilizando
sólo una. ¿Por qué nos sorprende entonces que la
realidad cojee?

UNIDAD CELULAR

Al igual que Josh y yo en Monte Rainier, la humanidad ha estado perdida en el desierto por muchas generaciones. Al igual que Josh y yo, la humanidad tampoco ha prestado atención a las primeras señales de advertencia a problemas inminentes. Y al igual que Josh y yo, la humanidad también ha seguido avanzando, apoyándose en las herramientas que poseía, aunque ha estado de espaldas a la otra mitad de la realidad, como si una niebla (o cataratas) hubiese cubierto sus ojos. Es por eso que hoy nos encontramos en una crisis mundial de dimensiones sin precedentes.

Pero lo que mayor paralelismo guarda con ese duro trance que viví, es el hecho de que la única manera de salir de esta crisis es todos juntos. Esta vez *o sobrevivimos todos o ninguno.* El cuerpo humano adulto contiene un promedio de diez billones de células (10,000,000,000,000). ¡Colocadas una al lado de la otra, darían 47 vueltas a nuestro planeta! Ninguna de ellas es autónoma. Al contrario, todas trabajan en perfecta armonía para apoyar y sustentar el cuerpo en el que viven, a veces a expensas de sus propias vidas. A consecuencia de ello, su "conciencia" se extiende mucho más allá de sus membranas celulares individuales, abarcando el cuerpo entero. La armonía entre sus células es lo que hace de un cuerpo sano una máquina perfecta y maravillosa.

Seamos conscientes de ello o no, cuando actuamos para nosotros mismos, haciendo caso omiso de las necesidades de la colectividad, nos convertimos en células cancerosas en el cuerpo llamado "humanidad".

Un cuerpo sano cuenta con un mecanismo de mantenimiento tan eficaz, que si incluso una sola célula descuida sus funciones y comienza a trabajar para sí misma, el cuerpo lo detecta y opta por curar o matar dicha célula. Sin claudicar al dominio del cuerpo, ningún organismo llegaría a formarse, ya que sus células no serían capaces de cooperar y trabajar conjuntamente por el bien del organismo entero.

De hecho, una célula que trabaja para sí misma en lugar de para el cuerpo se denomina "célula cancerosa". Cuando estas células se multiplican, la persona desarrolla cáncer. El resultado final del cáncer es siempre la muerte del tumor. La única incógnita es cómo moriría el tumor: porque el organismo o los medicamentos lo exterminarán, o porque él mismo causará la muerte de su organismo anfitrión, aniquilándose también a sí mismo en el proceso. Seamos conscientes de ello o no, cuando actuamos para nosotros mismos, haciendo caso omiso de las necesidades de la colectividad, nos convertimos en células cancerosas en el cuerpo llamado "humanidad".

Antes de descubrir que era posible cambiar nuestro entorno para adaptarlo a nuestras necesidades, todos nosotros éramos células sanas en el cuerpo de la humanidad, conviviendo en armonía natural con la naturaleza. Pero una vez que nos dimos cuenta de que podíamos "doblegar" a la naturaleza en beneficio propio, se produjo nuestro divorcio con esa armonía. Por lo tanto, a fin de no perturbar el equilibrio de la naturaleza, tenemos que llegar a una armonía *consciente y voluntaria* con ella.

Sin embargo, aún no hemos sido capaces de realizarlo. Dado que no teníamos conocimiento de la interacción entre el deseo de dar y el de recibir, nos hemos estado aprovechando de la naturaleza, dando por sentado que ella estaría siempre allí, fuera cual fuera nuestro comportamiento.

Al igual que ocurre con las células de un organismo, también en los sistemas complejos e integrados, la norma es: el sistema establece y el individuo cumple. A medida que la humanidad fue creciendo en número y empezaron a construirse sociedades cada vez más complejas, nuestra necesidad de sintonizarnos con las reglas de los sistemas integrados se hizo más acuciante.

LA MANERA DE NIMROD

Nimrod, obviamente, no tenía ningún interés en aceptar las reglas de los sistemas integrados que Abraham presentó. Él era el gobernante de Babilonia y, he aquí, que uno de sus súbditos le estaba informando que él, el gobernante del reino más grandioso sobre la Tierra, tenía que ceder a una ley superior a la suya.

Fiel a la ególatra naturaleza humana, Nimrod no pudo aceptar que su lema de vida heredado de sus ancestros, de guiarse por el deseo de recibir, era el equivocado y que era preciso hacer cambios. Para perpetuar la forma en que la humanidad se había erigido hasta ese momento, Nimrod no tenía más remedio que tratar de eliminar la amenaza. Tomó las medidas que la humanidad había seguido desde el día en que se inventaron las armas, y decidió destruir a Abraham.

Aunque no logró matarlo, sí consiguió alejarlo de Babilonia. Pero la Babilonia de Nimrod era una ciudad demasiado grande para existir sin la aplicación de las reglas de los sistemas integrados. Y sin saber unir al pueblo babilonio, que sólo actuaba con sus deseos de recibir, los babilonios no lograron permanecer unidos y la hermosa megalópolis se desintegró.

DESCENDIENDO DEL MONTE

Si Josh y yo nos hubiéramos separado en el Monte Rainier, quizá yo no estaría escribiendo hoy estas palabras. Por suerte para mí, nuestra amistad perduró. (También influyó el hecho de que contáramos con sólo una brújula y un mapa, así que tampoco teníamos muchas más opciones). Pero en el momento en que *decidimos* aunar esfuerzos para salir de aquello, sentimos tal alivio que era como si ya hubiéramos encontrado la salida.

Ciertamente, la bajada de aquella cresta no era nada fácil. Mis rodillas tardaron muchos meses en recuperarse del esfuerzo, y mi espalda nunca volvió a ser la misma. Pero la sensación de unidad que sentimos mientas íbamos deslizándonos por la traicionera ladera de esa montaña, asegurándonos constantemente que el otro estaba bien, es algo muy preciado que guardaré en mi corazón para siempre.

A pocos minutos del descenso, nos encontramos rodeados de un espeso bosque que no dejaba pasar la luz del sol. Detrás de nosotros estaba la montaña, y muy por delante y debajo de nosotros, estaba el fondo del barranco. Y, en medio de todo esto, íbamos descendiendo juntos por una ladera más escarpada de lo que jamás podía haber imaginado. De vez en cuando, para dar descanso a mis rodillas, paraba sobre alguna roca que sobresaliera entre las agujas de los pinos, y observaba los árboles con asombro mientras pensaba: "Deben estar clavados a la tierra, si no, no me explico cómo permanecen en pie".

Mientras, literalmente, nos agarrábamos con las uñas al terreno para no caernos, la fuerza de nuestro pacto nos sostenía. Hoy estoy convencido de que fue esto lo que nos ayudó a superar la situación.

Una vieja canción que me gustaba de niño, dice que sólo en las montañas uno descubre quiénes son sus verdaderos amigos. Ahora sé exactamente de lo que habla esa canción.

Pero la crisis a la que nos enfrentamos hoy día requiere de una unidad que va más allá de la amistad entre individuos. Unir todas las partes de la humanidad implica mucho más que salvar la vida de algunos aventureros. Tenemos que unirnos, no porque sea más divertido (aunque ciertamente lo es), sino porque necesitamos descubrir el deseo de dar -la parte de la naturaleza que ha permanecido olvidada durante miles de años-, y la única manera de descubrirlo es mediante nuestros *sinceros intentos* de emular ese deseo. Y cuando lo imitemos, de pronto veremos que este deseo de dar ya se encuentra efectivamente viviendo en cada aspecto de nuestras vidas, desde nuestras células hasta nuestras mentes.

La sensación de unidad que sentimos mientas íbamos deslizándonos por la traicionera ladera de esa montaña, asegurándonos constantemente que el otro estaba bien, es algo muy preciado que guardaré en mi corazón para siempre.

Como seres dotados de sentidos, somos capaces de percibir la existencia de algo sólo cuando lo sentimos. Vivimos en un "océano" compuesto por el deseo de dar, pero no podemos sentirlo a no ser que se "revistiera" de alguna forma palpable de placer. Por naturaleza, tendemos a fijar nuestra atención en el placer que extraemos de aquellos objetos o incidentes que se cruzan en nuestro camino en la vida, pero éstos nunca constan sólo del deseo de recibir. Se trata, más bien, de una combinación de ambos: el deseo de dar crea la sensación de una nueva posibilidad de placer, y el deseo de recibir le da a ese placer una forma de, por ejemplo, un delicioso pedazo de pastel, un nuevo amigo, hacer el amor o ganar dinero.

Pero el nuevo surgimiento del deseo de dar que presenciamos en la actualidad, no es uno común y corriente. No se trata de un deseo de sexo, dinero, poder o fama. Esta vez, se trata de un *deseo de conexión*. Éste es el motivo detrás del crecimiento exponencial de las redes sociales en Internet. Las personas necesitan conectarse porque ya se sienten conectadas. Ahora, sólo necesitan descubrir cómo hacerlo de una forma que realmente satisfaga sus necesidades. No obstante, la única manera de sentirse plenamente conectados es mediante el estudio de la fuerza que une a todos los individuos en uno: el deseo de dar.

Por ello, y sin más preámbulos, veamos cómo podemos introducir el deseo de dar en nuestras vidas.

II

Aprendiendo de la Naturaleza

La forma más acertada de corregir los errores es aprender de quienes han hecho las cosas bien. En nuestro caso, la naturaleza es nuestro modelo a seguir, ya que su éxito ha quedado demostrado. Y por lo tanto, deberíamos tenerla como mentora nuestra.

LA SALIDA DEL BOSQUE

Para ver cómo podemos dar paso al deseo de dar en nuestras vidas, veamos cómo lo hace la naturaleza. Nosotros percibimos el mundo exterior mediante nuestros sentidos, y vivimos con la convicción de que la imagen de la realidad que éstos nos ofrecen es exacta y fiable. Pero ¿es realmente así?

¿Cuántas veces caminamos con alguien que de pronto oye algo que a nosotros se nos pasa por alto? Pues el hecho de que no oyéramos el sonido no quiere decir que no lo hubiera. Lo único que significa es que nuestros sentidos no lo habían captado o que nosotros no le habíamos prestado atención. Aunque siempre existe la posibilidad de que nuestro amigo estuviera alucinando...

En las tres escenas mencionadas, la realidad objetiva es la misma, pero nuestra percepción de ella, no lo es. En otras palabras: no sabemos cómo es la realidad verdadera ¡ni tan siquiera si realmente existe! Todo lo que sabemos es aquello que *percibimos* de ella.

Entonces ¿cómo percibimos? Hacemos uso de un proceso que la mejor manera de describirlo es como "equivalencia de forma". Aunque cada uno de nuestros cinco sentidos reacciona a un diferente tipo de estímulo, todos los sentidos funcionan de manera similar. Por ejemplo, cuando un rayo de luz penetra en mi pupila, las neuronas en mi retina crean un modelo de la imagen exterior. Luego, este modelo se codifica y se transmite a mi cerebro que descifra las pulsaciones y vuelve a componer la imagen. Un proceso similar se produce cuando un sonido golpea nuestros tímpanos o cuando algo toca nuestra piel, y así sucesivamente con el resto de nuestros sentidos.

En otras palabras, mi cerebro hace uso de mis sentidos para crear una forma o modelo idénticos al objeto exterior. Sin embargo, no tengo manera de saber si mi modelo es correcto o no y, por lo tanto, permaneceré en mi convicción de que el objeto o sonido existente es exacto al modelo que yo he creado en mi mente.

No sabemos cómo es la realidad verdadera ¡ni tan siquiera si realmente existe! Todo lo que sabemos es aquello que percibimos de ella.

===

El principio de la "equivalencia de forma" es aplicable no sólo a nuestros sentidos, sino también a nuestro comportamiento. Los niños, por ejemplo, aprenden por repetición del comportamiento que observan en su entorno. A esto lo denominamos "imitación". Con tanto entusiasmo por aprender acerca del mundo en el que nacieron, y carentes de destrezas lingüísticas, los niños utilizan la imitación como un medio para la adquisición de habilidades como ponerse de pie y sentarse, el habla, o el uso de los cubiertos, entre otras. Cuando nosotros, los adultos, hablamos, ellos observan cómo movemos nuestros labios. Es por eso que a los padres se les aconseja hablar a los niños con claridad. Al imitarnos, los niños crean formas (movimientos o sonidos) iguales a las nuestras y así van aprendiendo sobre el mundo que les rodea.

De hecho, los niños no son los únicos en aprender de esta manera, sino que el conjunto de la naturaleza es un testimonio de la eficacia del aprendizaje por equivalencia de forma. Es fascinante observar a los cachorros de león jugando. Se agazapan para emboscar, atacándose unos a otros con el entusiasmo de su juventud. Acechan todo lo que encuentran, desde sombras, hasta antílopes, pasando por los insectos. Y a pesar de que es muy poco probable que realmente atrapen algo en esta primera etapa de sus vidas, para ellos, acechar es algo más que un mero juego. Al adoptar el rol de cazador, realizan una función que tendrán que ejecutar muy seriamente como adultos. Con este juego dan vida al cazador que llevan dentro. Sin todo ello no lograrían sobrevivir más adelante, ya que no sabrían cómo atrapar presas para alimentarse.

Si queremos percibir el deseo de dar, todo lo que tenemos que hacer es crear una imagen de ello en nuestro interior. Si prestamos cuidadosa atención a nuestros pensamientos y deseos al realizar actos de otorgamiento, descubriremos en nosotros un deseo exacto al deseo de dar existente en la naturaleza. Entonces, del mismo modo natural con el que un niño descubre el habla, imitando sonidos y sílabas, nosotros podremos descubrir el deseo de dar emulando el otorgamiento.

Puede que nos lleve un tiempo hasta que seamos capaces de lograr un equilibrio entre la recepción y la entrega, tal y como lo hace la naturaleza, pero la práctica nos hará perfeccionar y tener éxito. Y cuando lo hayamos hecho, nuestra vida se transformará en un inmenso torrente de revelaciones, tan ricas y profundas, que no saldremos de nuestro asombro al comprobar lo ciegos que habíamos sido.

Para tener éxito a nivel mundial, necesitamos de un medio de comunicación global que apoye este esfuerzo, propagando el mensaje de unidad y fraternidad.

En el mundo de hoy, no podemos seguir ignorando el funcionamiento del deseo de dar. Ya no estamos en Babilonia, donde la gente aún podía evitar conflictos alejándose unos de otros y dispersándose por territorios remotos. Nuestro caso es diferente, pues hemos poblado todos los rincones del planeta y ya no tenemos a dónde ir. Además, nos hemos mezclado y vinculado de una forma tan estrecha, que nos sería mucho más fácil deshacer huevos revueltos que nuestras conexiones globales.

Y esto no es algo malo. Sin conexiones globales ¿de dónde obtendríamos productos tan económicos como los que nos proporcionan China y la India? ¿Quién daría trabajo y sustento a los obreros en esos países? Ahora que la economía mundial está atravesando una recesión descomunal, podemos ver cómo la globalización puede resultar beneficiosa si la utilizamos correctamente.

El mundo actual es, en realidad, la misma megalópolis que era en los tiempos de Babilonia, sólo que ahora conformamos esa misma megalópolis a escala mundial. De ahí que no tenemos dónde huir para alejarnos unos de otros y sólo nos quedan dos opciones: unirnos o destruirnos mutuamente. La verdad es que todos nosotros constituimos un todo único, un solo organismo humano, y tenemos que aprender a desempeñar nuestro papel. Cuanto más lo posterguemos, más tóxica se volverá nuestra sociedad. Así que, para evitar nuestra destrucción mutua, deberíamos optar por salir de esta crisis *todos nosotros en conjunto*. En el Monte Rainier, en esos momentos difíciles, Josh y yo no sentíamos mucha simpatía el uno por el otro. Sin embargo, decidimos *actuar como si la tuviéramos* y para nuestra sorpresa, funcionó.

No obstante, ahí en la montaña, estábamos sólo nosotros dos y pudimos hablarlo entre nosotros para ponernos de acuerdo. Pero para tener éxito a nivel mundial, necesitamos de un medio de comunicación global que apoye este esfuerzo, propagando el mensaje de unidad y fraternidad. Y con este fin en mente, vamos a centrarnos ahora en los medios de comunicación.

9

MEDIOS DE COMUNICACIÓN
CUIDADOSOS Y ATENTOS

Los medios de comunicación deben desempeñar un papel clave en la transformación de la atmósfera general de alienación, a una más fraternal. Los medios de comunicación nos proporcionan casi todo lo que sabemos sobre nuestro mundo. Incluso la información que recibimos de nuestros amigos y familia también proviene, por lo general, de los medios. Es la versión moderna de "la rumorología".

Pero los medios de comunicación no son un mero dispensador de información. También nos proporcionan "chismes" que nos afectan positiva o negativamente, y así, vamos formando nuestras opiniones personales en base a lo que vemos, oímos o leemos en ellos. Debido a su incontestable influencia y el poder que ejercen sobre el público, si los medios deciden fomentar la unidad y la fraternidad, el mundo los seguirá.

Los medios de comunicación nos proporcionan casi todo lo que sabemos sobre nuestro mundo. Incluso la información que recibimos de nuestros amigos y familia también proviene, por lo general, de los medios. Es la versión moderna de "la rumorología".

Lamentablemente, hasta el estallido de la crisis financiera actual, los medios de comunicación se habían centrado en individuos triunfadores, magnates de medios, superestrellas y personas sumamente exitosas que acumularon cifras estrambóticas a costa de otros. Sólo recientemente, a consecuencia de la crisis, los medios han empezado a presentarnos actos de compasión y unidad, como los esfuerzos de los miles de voluntarios en Fargo, Dakota del Norte (EEUU) que, en marzo del 2009, unieron fuerzas para proteger con sacos de arena la mayor subida del Río Rojo en toda la historia registrada.

Si bien esta tendencia es ciertamente un motivo de alegría, unos cuantos esfuerzos espontáneos y esporádicos no resultan suficientes para unir verdaderamente a las personas. Para cambiar nuestra visión del mundo de una vez por todas, debemos ser conscientes de la existencia del deseo de dar y, en eso, los medios de comunicación se encuentran en una posición vital ya que podrían llevarlo a cabo ofreciéndonos una imagen completa de la realidad e informándonos sobre su estructura. Para ello, tendrían que elaborar programas que demostraran cómo el deseo de dar afecta a todos los niveles de la naturaleza, ya sea el inanimado, el vegetal, el animal o el humano, y alentar a las personas para que emulen ese deseo. En lugar de retransmitir programas que muestran gente que se autoalaba ¿por qué no llevar gente que hable bien de los demás? Después de todo, no son tan escasos los ejemplos de este tipo; sólo tenemos que reconocerlos y exponerlos ante el público.

Si los medios de comunicación mostraran a personas que se preocupan por los demás, explicando que esta clase de imágenes nos ayudaría a dejar que la fuerza de otorgamiento penetre en nuestras vidas, esto haría que la atención del público se desplazara del egocentrismo al fraternalismo.

En estos días, el punto de vista más popular debería ser: "La unión es divertida, pues, unámonos a la fiesta".

A riesgo de caer en una burda generalización, he aquí unos datos y números para la reflexión: nuestros ordenadores y televisores se fabrican en China y Taiwán; nuestros automóviles se fabrican en Japón, Europa y EEUU, y nuestra ropa, en la India y China. Además, casi todo el mundo ve películas de *Hollywood*, y hacia finales de este año (2009), China tendrá más hablantes de inglés que cualquier otro país en el mundo.

Otro dato realmente interesante: *Facebook*, la red social en Internet, cuenta con más de 250 millones de usuarios activos alrededor del mundo, por lo que si fuera un país, ¡sería el cuarto país más grande del mundo!

Nos guste o no, la globalización ya es un hecho, y nos hace comprobar que ya estamos efectivamente unidos. Podemos tratar de oponer resistencia a este hecho o bien integrarnos y aprovechar la variedad, las oportunidades y el bienestar que la globalización nos ofrece.

No obstante, aunque los científicos de hoy ya estén enterados de que ningún sistema en la naturaleza funciona de manera aislada y que la interdependencia es lo que rige, la mayoría de nosotros aún no es consciente al respecto. Y es aquí donde entran en juego los medios de comunicación, ya que tienen una gran variedad de formas para hacernos ver que la unidad es una bendición. Y cuando nos enteremos de cómo cada órgano trabaja en beneficio del cuerpo entero, de cómo las abejas colaboran entre sí en las colmenas, de cómo nadan los bancos de peces al unísono de modo que incluso podrían ser confundidos con un pez gigante, de cómo los lobos cazan en conjunto y de cómo los chimpancés o hasta los seres humanos se ayudan mutuamente sin ninguna recompensa a cambio, entonces *sabremos de hecho*, que la principal ley que reina en la naturaleza es la ley de la armonía y la coexistencia.

Debido a su incontestable influencia y el poder que ejercen sobre el público, si los medios deciden fomentar la unidad y la fraternidad, el mundo los seguirá.

Los medios podrían y deberían mostrarnos dichos ejemplos con más frecuencia. Cuando nos demos cuenta de que así es como funciona la naturaleza, comenzaremos espontáneamente a examinar nuestras sociedades para ver si existen en sintonía con esta armonía. Si nuestros pensamientos empiezan a tomar esta nueva dirección, crearán una atmósfera totalmente diferente y traerán un espíritu de fuerza y esperanza a nuestras vidas, *antes incluso de poner en práctica dicho espíritu.* ¿Y cómo es esto posible? *Por el simple hecho de desearlo o pensarlo,* ya nos encontraremos en sintonía con la fuerza de vida de la naturaleza: el deseo de dar.

Cuanto más conectados nos sentimos a otros, más depende nuestra felicidad de lo que ellos sientan por nosotros. Si los demás ven con buenos ojos nuestras acciones y opiniones, nos sentimos bien con nosotros mismos. Y si reprueban lo que hacemos o decimos, nos sentimos mal con nosotros mismos, llegando a ocultar nuestras acciones e incluso a modificarlas, con tal de adaptarlas a la norma social. En otras palabras, por ser precisamente tan importante para nosotros el sentirnos bien con nosotros mismos, los medios de comunicación tienen una posición privilegiada para promover un cambio positivo en los actos y opiniones de la gente.

Obviamente, los políticos son quienes más dependen de las encuestas, ya que su propio sustento está estrechamente relacionado con su tasa de popularidad. Si les hacemos ver que nosotros hemos cambiado nuestros valores, ellos cambiarán los suyos y seguirán nuestro ejemplo. Una de las formas más sencillas y eficaces de hacerles saber lo que valoramos, es mostrarles lo que queremos ver en la televisión. Y como los políticos naturalmente prestan atención a todo aquello que les ayuda a la hora de conservar sus cargos, tenemos que hacerles entender que para lograrlo, es indispensable que promuevan aquello que nosotros queremos que fomenten: la unidad.

Cuando seamos capaces de crear medios de comunicación que promuevan la unidad y la colaboración en lugar de la vanidad de los famosos, estarán sentadas las bases para lograr un ambiente que nos *impregne* con la idea de que la unidad y el equilibrio entre los deseos, supone un gran beneficio para todos.

AGUAS DE AMOR

Un hombre sabio dijo una vez que nuestros corazones son como piedras, y que nuestras buenas acciones hacia los demás son como las aguas que caen justo en el centro de esas piedras. Poco a poco, las aguas van perforando un cráter en nuestro corazón, dentro del cual puede verterse, entonces, una gran abundancia de amor.

Tal y como hemos dicho a lo largo de este libro, el deseo de dar es la fuente de todo el placer en la vida y el deseo de recibir es lo que da forma a ese placer. A través del bien que hacemos a los demás, vamos creando en ellos un deseo de recibir más placer al sentirse amados.

Por supuesto que todos queremos ser amados, pero muy pocos de nosotros creemos que esto llegue a ocurrir alguna vez. No obstante, si todos nosotros decidimos, de manera colectiva, darnos amor, los unos a los otros, aun cuando todavía no lo sintamos, despertaremos en todos nuestros semejantes -hombres y mujeres por igual- la convicción de que el amor es, de hecho, posible. Y ellos, a su vez, lo devolverán. Pero esta vez, lo harán de una manera sincera, pues una vez que sus corazones se hayan suavizado, llegarán a sentirlo verdaderamente.

Todo esto puede que suene poco científico e irracional, pero funciona porque está en armonía con las fuerzas más fundamentales de la vida: el deseo de dar y el de recibir. Y como siempre es útil recibir un poco más de ayuda cuando nos encontramos explorando nuevos y desconocidos territorios, hay varias técnicas que pueden incrementar nuestras posibilidades de éxito. Con este fin en mente, ofreceremos en los próximos capítulos de este libro, un panorama variado sobre cómo sería la vida en un mundo equilibrado.

III

Alcanzando
el Equilibrio

Los siguientes capítulos esbozarán nuestra vía de escape de la crisis actual. Abordarán seis aspectos básicos de la vida -las artes, la economía, la educación, la política, la salud y el clima-, y ofrecerán la orientación necesaria para saber cómo podemos usar el deseo de dar en beneficio propio.

El arte como modelo para nuevas actitudes

Todos sabemos que el arte no es verdad. El arte es una mentira que nos acerca a la verdad, al menos, a aquella verdad que se nos da para entender. El artista debe saber cómo convencer a los demás de la veracidad de sus mentiras.

Pablo Picasso, "Picasso speaks", The Arts, Nueva York, 1923

Por muy importantes que sean los medios de comunicación en nuestra cultura, no pueden llevar a cabo el cambio de espíritu requerido por sí solos. Para completar este cambio de nuestro modo de pensar, tenemos que involucrar a actores, cantantes y otros ídolos públicos y celebridades en el proceso. Sus creaciones se presentan no sólo en la televisión, sino también en Internet, en salas de cine y en la radio, y son vitales para propagar el nuevo mensaje en masa.

El arte no debería limitarse a las imágenes catastrofistas. En lugar de ello, debería proporcionar información sobre la imagen completa de la realidad.

===

Es difícil predecir precisamente cómo se desarrollarán las artes una vez que nos hayamos familiarizado con la parte otorgante de la realidad. Y dado que nunca hemos intentado poner esto en marcha a gran escala, no podemos saber cómo se irán desarrollando los acontecimientos una vez que la unidad y la entrega estén en boga. Las ideas expuestas a continuación describirán posibles cambios en la producción de cine y teatro, pero estas reglas son igualmente aplicables a las artes más tradicionales como la pintura y la escultura.

Las artes visuales constituyen el más poderoso medio de influencia. Hasta un 90 por ciento de la información que recibimos sobre nuestro entorno es visual. Por esta razón, el giro en nuestra manera de pensar debe comenzar con lo que vemos, incluso antes de cambiar lo percibido por el oído.

A primera vista, las tramas de la mayoría de películas y obras de teatro podrían continuar siendo prácticamente las mismas: la lucha por una causa justa, una historia de amor, o incluso una tragedia. Pero el mensaje subyacente en cada una de ellas debería ser el de la unidad.

Hoy en día, cuando salimos del teatro o apagamos el DVD, generalmente nos quedamos con una sensación de admiración por el protagonista. Es muy raro que nos quedemos contemplando alguna idea, concepto o ideología una vez que se acaba la película. Esto sucede a menudo, incluso cuando la película transmite algún mensaje y se debe a que la utilería, los efectos visuales, el guión y demás elementos de la película, tienen como objetivo hacer que nos identifiquemos con una persona y no con una forma de vida.

Si examinamos las tramas de la mayoría de los éxitos de taquilla, llegaremos a una conclusión inevitable: los héroes venden, las ideas no. Esto puede que haya sido cierto hasta hace poco, pero en la realidad de hoy, la gente necesita de películas y obras de teatro que les ayuden o bien a olvidarse de sus problemas o bien a recobrar fuerzas y esperanza de cara al futuro. Y si se hace correctamente, la esperanza prevalecerá.

Cuando vemos películas de los años 1950-1960, a menudo nos parecen ingenuas y un tanto "desconectadas de la realidad". Muy pronto, la audiencia dirá lo mismo sobre las películas que hacemos hoy. De ahí que para tener éxito, el arte debe reflejar situaciones actuales y vigentes, y las noticias de hoy deberían ser: la unidad y el equilibrio entre el deseo de recibir y el deseo de dar.

Ha habido muchas películas apocalípticas que describen cómo la humanidad ha destruido el planeta y está siendo castigada por sus pecados con caos, un sinfín de olas de calor, guerras, y falta de agua y alimentos. Pero el arte no debería limitarse a las imágenes catastrofistas. En lugar de ello, debería proporcionar información sobre la imagen completa de la realidad: la existencia de las dos fuerzas de la vida, la forma en que éstas interactúan entre sí, qué es lo que ocurre si quebrantamos su equilibrio y qué es lo que podemos esperar si contribuimos a mantenerlo. De otro modo, las artes, y especialmente las tan populares artes visuales, no alcanzarán su objetivo: mantenernos informados sobre las dos fuerzas existentes en la realidad y mostrarnos cómo podemos lograr su equilibrio.

PELÍCULAS DE ESPERANZA

Con el fin de que la gente continúe viendo las películas y obras de teatro una y otra vez, las tramas deben ser creíbles, proporcionando una esperanza *válida* y una perspectiva real de cambio positivo. Si bien el punto de partida de la película puede ser nuestra realidad actual, ésta debe incluir algún tipo de razonamiento respecto a qué es lo que nos ha conducido a nuestro estado presente. Cuando la gente descubra que el cine se ha convertido en un lugar donde puede obtener información para mejorar sus vidas, ¡comenzarán a acudir al cine en masa!

Esta crisis es, en realidad, un trampolín hacia una mejora inimaginable en nuestras vidas.

Pensemos, por ejemplo, cómo les enseñamos a nuestros niños a cruzar la calle. Les explicamos una y otra vez, con todo lujo de detalles y con mucho cariño y amor, que hay que esperar la luz verde y sólo cruzar en los puntos designados. Esta información es vital para ellos, sin ella sus vidas correrían peligro en cuanto salieran solos a la calle.

La información sobre cómo restablecer el equilibrio en la naturaleza y en la humanidad, es tan vital para nosotros hoy día como la de cruzar la calle es para los niños y, por lo tanto, es de gran interés.

Pero no es sólo la supervivencia la que entra en juego con este cambio. Esta crisis es, en realidad, un trampolín hacia una mejora inimaginable en nuestras vidas. Hasta hoy nos hemos centrado en lo mucho que podíamos recibir. De hecho, ni siquiera sabíamos que estábamos siendo manejados por un deseo de recibir; simplemente queríamos disfrutar. Sin embargo, como no éramos consciente de la interacción que existe entre los dos deseos que componen la vida, pasábamos toda nuestra existencia persiguiendo el placer a un nivel superficial y, por ende, no teníamos la posibilidad de experimentar alegría y felicidad duraderas.

Pero el drama de la vida se desarrolla en dos direcciones opuestas aunque paralelas: la *colaboración* y la *auto-realización*. Esto significa que en el total de la realidad, la auto-realización es posible sólo a través de la colaboración con los demás.

En el nivel de los minerales, por ejemplo, diferentes átomos colaboran para formar las moléculas de cada mineral. Y si alguno de los átomos se separase, el mineral se desintegraría.

En un nivel superior de complejidad, como por ejemplo en el de las plantas, los animales y los humanos, la colaboración se realiza entre diferentes tipos de moléculas, células y órganos que se unen para dar forma a una criatura particular. Y aquí también: si faltara tan sólo una molécula en las células de dicha criatura, ésta enfermaría e incluso podría dejar de existir.

Básicamente de la misma manera, las plantas y animales que existen en una zona geográfica determinada, crean entre sí un entorno simbiótico. Y al igual que ocurría en el caso descrito en el Capítulo 5 sobre las orcas y las nutrias, *todas* las criaturas contribuyen a mantener el equilibrio de ese ecosistema. Si una sola de esas especies disminuyera en número, todo el sistema se vería afectado por pérdida de equilibrio. En pocas palabras, la naturaleza apoya y promueve la unicidad y, por lo tanto, la realización individual de las criaturas sólo se vuelve posible cuando colaboran y aportan a su entorno. Pero en el momento en que cualquiera de estas criaturas desea desarrollarse a expensas del entorno, la naturaleza, o bien encuentra una manera de restaurar el equilibrio, aunque tenga que hacerlo a la fuerza, o bien la extingue.

Hasta hoy nos hemos centrado en lo mucho que podíamos recibir. De hecho, ni siquiera sabíamos que estábamos siendo manejados por un deseo de recibir; simplemente queríamos disfrutar.

Aunque esta ley de la naturaleza ya no supone ninguna novedad para nosotros, hemos venido actuando como si no fuéramos parte integral del ecosistema denominado "Planeta Tierra". Peor aún, nos parece que ciertas sociedades o comunidades tienen derecho a verse superiores a otras. Sin embargo, la naturaleza nos ha estado demostrando fehacientemente que no hay *nada* superfluo en la realidad y que ninguna parte de ningún elemento de la naturaleza es superior a otra. ¿Por qué, entonces, sentimos que tenemos el derecho de maltratar u oprimir a otros pueblos y especies? ¿De dónde proviene esta arrogancia sino de la ignorancia?

En otras palabras, el deseo de dar es la fuente de nuestra fuerza e ingenio, pero nosotros tendemos a adjudicarnos estas dos cualidades por nuestra inadvertencia de la existencia del deseo de dar y su influencia primordial sobre nosotros. Si fuéramos conscientes de que también nosotros somos producto de los dos deseos que forman la vida, sabríamos cómo progresar armoniosamente en este mundo junto con el total de la naturaleza.

Imagina la sensación de sabernos unidos, apoyados por todos los seres del mundo, sintiendo que todo lo que ellos quieren es que nuestro potencial se realice al máximo.

===

¿Qué tan difícil sería hacer películas que nos mostraran y enseñaran los beneficios y la satisfacción personal que resultan de la colaboración? Imagina la sensación de sabernos unidos, apoyados por todos los seres del mundo, sintiendo que todo lo que ellos quieren es que *nuestro* potencial se realice al máximo. ¡Qué maravillosa sería la vida si cada uno aportara todas sus habilidades en beneficio de la sociedad, recibiendo a cambio el apoyo y el reconocimiento de todos!

Al fin y al cabo ¿no es eso lo que ya estamos haciendo, de hecho? El ingeniero informático le aporta a la sociedad su habilidad para construir ordenadores. Y el barrendero hace su aportación limpiando las calles. Entonces ¿cuál de ellos es más importante? Si tuviéramos en mente que no hemos llegado a lo que somos por un acto de voluntad propia, sino como resultado de un gran sistema universal y una fuerza primordial que trabaja dentro de nosotros, no nos veríamos forzados a demostrar nuestra valía incesantemente. En lugar de eso, simplemente disfrutaríamos siendo quienes somos y contribuiríamos en todo aquello que buenamente pudiéramos. De hecho, estaríamos felices de formar parte de una sola humanidad: unidos, únicos y especiales.

¡Imagina las películas que nos podrían mostrar esto!

ENCONTRANDO EQUILIBRIO EN CANCIONES Y MELODÍAS

*La nueva esfera sonora es global. Traspa-
sa lenguas, ideologías, fronteras y razas a
una velocidad vertiginosa. La economía de
este Esperanto musical es abrumadora. ...la
música popular trajo consigo sociologías de
conductas individuales y colectivas de solidaridad grupal.*

George Steiner

La música es una de las formas más populares del arte por lo que puede ser un poderoso promotor de nuevos conceptos. Hoy más que

nunca, géneros como el rock y el hip-hop son los medios idóneos para expresar conceptos sociales. Desde los años 1960s cuando *Los Beatles* introdujeron la música india, la música étnica ha servido como un medio popular para promover el reconocimiento étnico y la integración cultural. La globalización es, ciertamente, una grata adición a la música, de modo que hoy la mayoría de los músicos tocan varios tipos de música, incluso la proveniente de culturas lejanas a las de sus países de origen. Por ello, la música bien merece un capítulo enteramente dedicado a ella.

Al igual que todas las formas de arte, la música constituye un lenguaje especial que expresa el mundo interno y personal del artista. Cada tipo de música representa una clase distinta de "el deseo de recibir", y por lo tanto, puede expresar una forma diferente de equilibrio con "el deseo de dar". Para no complicar demasiado las cosas, dividamos la música en dos grupos: vocal e instrumental.

CANCIONES DE AMOR INFINITO

Con la música vocal (canciones), resulta un tanto más sencillo definir los cambios necesarios para que puedan encajar en la nueva dirección. Al igual que con las películas, los temas pueden permanecer prácticamente los mismos. Y como en el cine, detrás de cada canción deberá existir un subtexto que transmita un mensaje de unidad y que constituya un fiel reflejo de *los dos* deseos de la realidad: el de dar y el de recibir.

La música es una expresión del yo, de las emociones más profundas del artista. De ahí que si se pretende que la música transmita un mensaje de unidad y equilibrio entre la entrega y la recepción, es de suma importancia que el artista sea consciente de cómo estas fuerzas interactúan entre sí. Y como no podemos fingir a la hora de expresar nuestro mundo interior, los artistas ya tendrán que contar con la experiencia de unidad, interacción y conexión entre las dos fuerzas, si es que desean expresarla con su arte.

El impulso constante del deseo de dar, de encontrar nuevas formas para expresarse a través del deseo de recibir, es muy parecido a la manera en que un hombre busca nuevas formas de expresar su amor por su mujer (y viceversa).

Como resultado, cada canción debería transmitir una nueva sensación de frescura y vitalidad. No hay necesidad de crear nuevos géneros. Ya contamos con una maravillosa variedad: pop, hip-hop, rock n' roll, jazz, música clásica y música étnica de todo tipo. Todas ellas son expresiones genuinas de nuestro ser interno y no hay ninguna necesidad de cambiarlas. Lo único que tenemos que hacer es cambiar el mensaje subyacente: en lugar de centrarse en la relación turbulenta de alguna pareja, las palabras podrían dar especial relevancia a sus esfuerzos por descubrir la unidad en la *naturaleza*.

A medida que vayamos aprendiendo sobre la parte otorgante de la naturaleza, seremos capaces de ir creando nuevos textos para las canciones. Éstos podrán reflejar diálogos entre el deseo de dar y el de recibir tal y como tienen lugar entre personas o en la misma naturaleza. Si nos paráramos a pensarlo por un momento, veríamos que el impulso constante del deseo de dar, de encontrar nuevas formas para expresarse a través del deseo de recibir, es muy parecido a la manera en que un hombre busca nuevas formas de expresar su amor por su mujer (y viceversa). ¿Qué podría ser más inspirador que revestir esas punzadas de amor con letras y adornarlas con una melodía?

MELODÍAS DE ARMONÍA

La música instrumental ya es una "melodía" totalmente diferente. El énfasis que pone en la armonía la música occidental, hace de ella un medio casi natural para expresar equilibrio y unidad. Muchos de los compositores célebres -Bach y Mozart, en particular- prestaron cuidadosa atención para asegurar que su música se mantuviese armoniosa y balanceada. De hecho, la música clásica (la de Mozart en particular), es tan íntegra y tan equilibrada que es capaz de causar un aumento en la producción de leche en las industrias lácteas, según investigaciones de la Universidad de Leicester, en el Reino Unido. Y aunque los compositores mismos probablemente desconocían la profundidad de este equilibrio o los fines para los cuales su música sería algún día utilizada, es esta cualidad de equilibrio la que ha hecho que su popularidad se perpetuara hasta el día de hoy.

Pero el equilibrio existe no sólo en la música occidental, sino que es esencial para casi todo tipo de música y la indígena, en especial. Sin embargo, en la actualidad, es necesario mantener el equilibrio, no sólo porque nos guste su sonido, sino porque nos puede ayudar a expresar un aspecto enteramente nuevo de la realidad. La obra puede resultar apasionada, suave, dinámica o sosegada, pero sea cual sea el género, ¡el impacto de este tipo de música en el oyente será inigualable ya que estaría expresando *nuestra fuerza de vida*!

Hoy en día, la música de Bach, Mozart, Beethoven y Verdi nos parece colorida y llena de matices. Pero en comparación con una música que exprese la percepción de *ambos* deseos, será como la diferencia entre ver el mundo en sólo dos dimensiones o en tres.

DINERO, DINERO Y MÁS DINERO

Pese a la generación masiva de riqueza en EEUU o Gran Bretaña, la felicidad no ha aumentado desde los años 1950... Ningún investigador cuestiona estos hechos. De ahí que el crecimiento económico acelerado no es un objetivo por el cual debiéramos hacer grandes sacrificios. En concreto, no deberíamos sacrificar la fuente más importante de felicidad: la calidad de las relaciones humanas en el hogar, en el trabajo y en la comunidad.

Richard Layard, *The Financial Times*, 11 de marzo de 2009

No hay un aspecto en nuestras vidas que mejor refleje nuestra interconexión que la economía.

Cuando estamos unidos, la economía es la primera en prosperar e impulsar cada aspecto de la vida. Pero en cuanto nos separamos, la economía es lo primero en derrumbarse, arrastrando consigo todo lo que encuentra en su camino.

Nuestra interconexión se inició siglos atrás cuando empezamos a comerciar unos con otros, y es así como nació la globalización. Si hubiéramos sabido en ese entonces que existen dos deseos en la realidad, el de recibir y el de dar, la historia de la humanidad habría sido muy diferente a este sangriento discurrir de barbaridades que ha resultado ser.

Hoy, ya es imposible "desglobalizar" el mundo. Tal y como hemos mostrado en el Capítulo 10 y como señala la cita al comienzo de éste, tenemos que empezar a actuar como una humanidad unida en sintonía con el principio de la naturaleza, de colaboración y auto-realización, o la vida tal como la conocemos llegará a su fin. Y la manera de unirnos es tomar conciencia de la existencia de ambos deseos y emplearlos en nuestras negociaciones y, sobre todo, en las finanzas, dada la actual crisis financiera.

No será una regulación más estricta o la compra de "activos tóxicos" lo que nos ayudará a superar esta crisis. La salida a esta situación radica en comprender que lo que ha de regularse es la naturaleza humana, no la economía. Nuestra economía

es sólo un reflejo de nuestra mente unilateral, pro-
gramada para pensar de una sola manera: recibir,
recibir y volver a recibir.

Hoy ya es hora que la humanidad se dé cuenta
que tomar en consideración a los demás se revierte
en nuestro propio beneficio. De no ser así, nuestros planes, sean cuales sean, estarán destinados al
fracaso. Por lo tanto, el primer paso a seguir dentro del plan financiero de rescate, debería ser el de
compartir información y proporcionar datos sobre
la clase de mundo en el que vivimos: un mundo
global e interdependiente.

> *En las transacciones financieras de hoy, o ga-
> namos todos o nadie lo hará. Para ser exactos,
> la palabra "todos" no hace referencia sólo a
> las partes involucradas en un contrato, sino al
> mundo entero.*

La gente debería estar enterada de que nuestro mundo es manejado por dos fuerzas. La primera es el deseo de recibir, algo denominado por
los economistas como "economía con ánimo de
lucro", es decir, el capitalismo. La otra fuerza es el
deseo de dar, la fuerza que aspira a incrementar la
prosperidad y el bienestar a nivel colectivo.

Dicho de manera más simple: en las transacciones financieras de hoy, o *ganamos todos* o nadie lo hará. Para ser exactos, la palabra "todos" no hace referencia sólo a las partes involucradas en un contrato, sino al *mundo entero*. ¿Significa esto, acaso, que antes de cada nuevo negocio o contrato, las partes implicadas deberían llamar a la puerta de cada hogar en el mundo explicando la propuesta de negocio y solicitando una firma de consentimiento? Pues, esto, sin duda, resultaría muy poco práctico. Pero lo que sí deberíamos hacer es cambiar nuestra actitud y tener en cuenta el beneficio *de todos* en vez *de sólo el nuestro*.

Por ejemplo, siempre que se lanza un nuevo producto, desde el primer momento el fabricante busca sobrepasar a sus competidores. El objetivo de la nueva compañía es aumentar su cuota de mercado, un proceso que denominamos "capitalismo". Sin embargo, al fin y al cabo de lo único que se trata es de un intentar "robar" clientes a aquellos que ya están en el mercado. Esta es la norma extendida.

Del mismo modo que el fabricante en el ejemplo anterior, los bancos tampoco se dedican a impulsar nuestra economía tambaleante o a ayudar a aquellos que desean abrir un negocio o comprar una casa. Los bancos quieren una sola cosa: ganar tanto dinero como puedan para sus accionistas (propietarios/directivos). Y si tienen que pagar a los empleados de menor rango unos salarios vergonzosos o conceder créditos a personas legalmente irresponsables -para luego venderlos a compañías de seguros que, a su vez intentan pasar la patata caliente hasta que alguien finalmente se quede con ella-, lo harán: todo ello forma parte de los "negocios habituales". Su único objetivo es anotar miles de millones en la columna de ganancias al final del trimestre.

Y esta actitud no es una propiedad exclusiva de los bancos. En esencia, cada empresa o negocio actúan de este modo, desde las compañías de seguros, pasando por bancos y *hedge funds*, hasta los pequeños negocios familiares. Lo llamamos "mercado libre".

De ahí que lo único que debería cambiar es la meta empresarial: de un beneficio propio a expensas de los competidores, al beneficio de la sociedad.

Hoy, sin embargo, *todos* debemos empeñarnos en un profundo análisis de nuestro sistema para ver dónde hemos fallado. Cuando lo hagamos, veremos que no hay nada malo en tener bancos o compañías de seguros en nuestro mundo. Los bancos son potencialmente buenos, porque sin ellos no podríamos financiar nuestros sueños. Las compañías de seguros también son fuerzas positivas, ya que nos protegen de los imprevistos de la vida.

De ahí que lo único que debería cambiar es la meta empresarial: de un beneficio propio a expensas de los competidores, al beneficio de la sociedad. Nuestros planes financieros de negocios deberían ser diseñados de modo que las ganancias en neto sean dirigidas a promover la humanidad en vez de la empresa. En los negocios, al igual que en la política, el proteccionismo es una espada de doble filo, la cual suele infligir al operador del arma un daño mayor que al de su blanco pretendido.

Cuando la televisión, las artes y las escuelas cambien la atmósfera social a una de amistad y humanidad, el elogio será una digna recompensa que vale la pena ganar. Entonces, en vez del sistema lucroso actual, el aporte a la colectividad será recompensado con el reconocimiento y la apreciación de la sociedad entera.

Por lo tanto, si todos aspiramos a que los beneficios no fueran a parar sólo a nuestras manos o a las de nuestros accionistas, todos nosotros obtendremos ganancias pues estaríamos confiando unos en otros. Y sin duda, en cuestiones de dinero, la confianza es vital.

En la actualidad, los bancos no se fían unos de otros. Las compañías de seguros tampoco tienen confianza en los bancos, aunque tampoco entre ellas, y por supuesto que nadie confía en los prestatarios, ya que no tienen la seguridad de que sus jefes no los despedirían al día siguiente, pues esos mismos jefes dependen de la demanda de mercado, y ya sabemos que nadie tiene confianza en los mercados hoy día...

En los negocios, al igual que en la política, el proteccionismo es una espada de doble filo, la cual suele infligir al operador del arma un daño mayor que al de su blanco pretendido.

Esto nos lleva de vuelta al primer punto: conocer las leyes de la naturaleza. No podremos llegar a confiar unos en otros hasta que no comprendamos cómo estamos hechos, tanto nosotros como el conjunto de la realidad. Al hacerlo, podremos *de manera colectiva* tomar la decisión de seguir esa fórmula interna de equilibrio. Cuando lo hagamos, los prestatarios confiarán en sus jefes, quienes, a su vez, se fiarán de los bancos, los cuales podrán confiar en las compañías de seguros y todos tendrán plena confianza en el mercado.

Por lo tanto, hasta que aprendamos a funcionar como una gran familia humana *unida*, no podremos recuperarnos de la recesión. Pero en cuanto lo hagamos, no sólo tendremos todo lo necesario para llevar una vida buena y tranquila, sino que también tendremos la seguridad de que podremos contar con ello en el futuro, tanto nosotros como nuestros hijos y sus descendientes.

ENSEÑA BIEN A TUS HIJOS

> Creo que el peor daño que ocasiona el capi-
> talismo es la mutilación del individuo. Todo
> nuestro sistema educativo se ve perjudicado
> por ello. Se inculca en los estudiantes una
> actitud exageradamente competitiva; se les
> adiestra en el culto al éxito adquisitivo como
> preparación para su futura carrera.
>
> *- Albert Einstein, Mis ideas y opiniones*

En el diccionario Webster, la palabra "educación" significa *"la acción o el proceso de educar
o de ser educados [instruidos/informados]"*. Pero
en un mundo en el que el cincuenta por ciento de lo que aprendemos en el primer año de

universidad queda obsoleto y se vuelve irrelevante hasta que acaba el tercer año ¿de qué sirven nuestros estudios?

Y lo que es aún más importante, con la creciente crisis mundial ¿podemos realmente garantizar la educación de nuestros hijos, incluso a nivel de educación secundaria? Dado que la crisis actual es global y de múltiples facetas, el sistema educativo debería adaptarse y preparar a nuestros jóvenes para poder enfrentarse al estado en que se encuentra hoy día el mundo.

De ahí que nuestro desafío actual, no es tanto adquirir conocimientos como desarrollar las destrezas sociales necesarias que nos ayuden a nosotros y a nuestros hijos a superar los desmesurados niveles de alienación, suspicacia y desconfianza que tanto abundan en el mundo de hoy. A fin de preparar a nuestros hijos para la vida en el siglo XXI, tenemos que enseñarles primero qué es lo que hace que nuestra realidad sea tal y como es, y qué es lo que ellos pueden hacer para cambiarla.

Esto no significa que tengamos que dejar a un lado la divulgación de conocimientos, sino que los estudios deben formar parte de un panorama más amplio que enseñe a los niños cómo lidiar con el mundo en el que se van adentrando. Al concluir sus estudios, deberían estar listos para poder captar el panorama completo de la realidad y de las fuerzas que la moldean, así como saber beneficiarse de ello.

En un mundo globalizado, donde cada persona depende del éxito y bienestar de todos los demás, este sistema debe ser reformado de raíz.

En casi todos los países del mundo, los sistemas educativos están diseñados para estimular a los estudiantes hacia la conquista de logros personales. Cuanto más altas sus notas, más alta será su clase social. En EEUU, como en muchos países de occidente, este sistema no sólo mide el rendimiento individual del estudiante, sino que también evalúa cómo se desenvuelve *en relación a los demás.* Esto hace que los estudiantes no sólo busquen sobresalirse, sino que provoca, inevitablemente, que deseen el fracaso de sus compañeros.

En un mundo globalizado, donde cada persona depende del éxito y bienestar de todos los demás, este sistema debe ser reformado de raíz. En lugar de tratar de lograr la distinción personal, el objetivo debería ser sobresalir en el fomento del éxito colectivo. Este es el logro que debería ser idealmente, el más reconocido y valorado.

Y el medio para alentar a los estudiantes a que contribuyan a la sociedad, es el entorno. Tal y como los medios de comunicación deberían abandonar la alabanza de los ultra ricos, las escuelas también deberán dejar de ensalzar a los ultra individualistas, quienes se empeñan únicamente en su triunfo personal. Y de la misma manera en que los medios comenzarán a alabar a la gente que promueve a los demás, también las escuelas deberán exaltar a los estudiantes que sobresalgan en alentar el avance de sus pares.

De ahí que lo primero que debe cambiar en las escuelas es el ambiente. Por consiguiente, no habrá necesidad de un sistema basado en el castigo para los estudiantes más egocéntricos, pues la sociedad con su aplastante influencia sobre los jóvenes hará que éstos sigan el código social casi instintivamente, creando así, como resultado, el requerido ambiente alentador de camaradería, colaboración y convivencia que debería prevalecer. Éste puede ser promovido mediante el fomento del tutelaje paritario, entre estudiantes que trabajan para ayudarse mutuamente, impulsando el avance de todos y recibiendo por ello el reconocimiento de la sociedad.

Además, hay numerosas tareas que requieren trabajo en equipo para que se puedan desarrollar con éxito. Éstas pueden ser fácilmente integradas en los actuales planes de estudios, donde las calificaciones se otorguen a grupos en vez de a individuos. De esta manera, las notas de un estudiante dependerán del rendimiento de todos los demás miembros del grupo en cuestión.

De hecho, si nos fijamos en el mundo de los adultos, nos podemos dar cuenta de que rara vez un producto es manufacturado por una sola persona. E incluso en esos casos, se requiere de un gran trabajo en equipo para llevarlo a cabo. Como podemos ver, tanto la naturaleza como nuestra propia vida nos demuestran diariamente lo importante que es colaborar. Entonces ¿por qué no comenzar desde la escuela?

Los niños sienten el poder de la sociedad sobre ellos de una manera tan intensa que, dentro de un ambiente de cariño y comprensión, haría falta muy poco esfuerzo de nuestra parte para que se criaran como individuos solidarios.

Si los niños de hoy crecen desobedientes y violentos a pesar de nuestros esfuerzos por educarlos para que sean humanos y atentos, podemos cambiar esta tendencia mediante la creación de escuelas donde los niños dependan unos de otros para triunfar. Esto puede crear un nuevo sentimiento de solidaridad entre ellos y eliminar los anteriores modelos egocéntricos.

La interdependencia es algo tan natural para los niños como el respirar. Desde su nacimiento, el niño depende completamente de sus padres para su supervivencia. Hasta que entra en la escuela, sus necesidades sociales ya están desarrolladas, de modo que se vuelve totalmente dependiente de la aprobación de los demás para mantener una imagen positiva de sí mismo.

Para lograr sobrevivir en el mundo de hoy, tenemos que aprender a interactuar como colaboradores y no como adversarios. De lo contrario, todo lo que emprendamos estará destinado a fracasar.

Como consecuencia, los niños sienten el poder de la sociedad sobre ellos de una manera tan intensa que, dentro de un ambiente de cariño y comprensión, haría falta muy poco esfuerzo de nuestra parte para que se criaran como individuos solidarios. Todo lo que tenemos que hacer es mostrarles la dirección correcta que conduce al éxito, tanto para sí mismos como para toda la humanidad, y ellos tomarán la pauta y abrirán el camino para todos.

Lo primero que debemos hacer, por lo tanto, es enseñarles cómo funciona la naturaleza. El hecho de que hay dos fuerzas que interactúan en sus vidas, y que para que todos sean felices, estas fuerzas deben encontrarse en equilibrio. No hay necesidad de cambiar nada relacionado con los temas que enseñamos; sólo tenemos que incorporar el elemento vital -equilibrio- al plan de estudios.

En otras palabras, la biología seguirá siendo biología, aunque condimentada con una explicación acerca de cómo la interacción entre las fuerzas de entrega y recepción llevó al desarrollo de criaturas multicelulares partiendo de las unicelulares. Y lo mismo en referencia a la física y a todas las demás ciencias. Con las humanidades, será realmente estimulante examinar la historia de la humanidad y las diferentes sociedades con la interacción entre los deseos como protagonista.

Aunque está fuera del alcance de este libro, es fácil ver cómo vamos progresando a medida que nuestros deseos van cambiando e intensificando. Sin esta dinámica de cambio y crecimiento de los deseos, no tendríamos revoluciones, ya que no existiría en nosotros el deseo de cambiar nuestras vidas. Tampoco existiría la tecnología, pues nos conformaríamos con aquello que tuviéramos. Otra cosa que seguramente no tendríamos es la política ni tampoco las leyes. Con toda probabilidad, si nuestros deseos no fuesen cambiando estaríamos aún viviendo en las cavernas.

Existen dos fases en la construcción de una escuela que promueva el elemento de equilibrio:

1. Proporcionar información: Las escuelas deben enseñar a los estudiantes sobre el deseo de dar y el de recibir, y cómo estas fuerzas trabajan conjuntamente en la naturaleza. Esta fase se debe implementar tanto en clases específicamente designadas para ello, como también dentro de cada tema en las programaciones escolares.

2. Establecer nuevas normas sociales: Una vez que los niños hayan adquirido una comprensión básica de los conceptos mencionados, tendremos que establecer gradualmente normas sociales que promuevan la colaboración, la amistad y el apoyo mutuo.

Para que esta fase se lleve a cabo con éxito, es muy importante que los niños entiendan que no están siguiendo estos preceptos sólo porque los adultos les obligan a ello. En cambio, hay que darles a entender que van a transitar mejor por la vida si se mantienen en sintonía con la naturaleza y que es de su propio interés adoptar esa actitud.

Para lograr sobrevivir en el mundo de hoy, tenemos que aprender a interactuar como colaboradores y no como adversarios. De lo contrario, todo lo que emprendamos estará destinado a fracasar. Al enseñarles a nuestros hijos el arte de la colaboración y la convivencia, les estaremos haciendo

el mayor favor posible ya que les estaremos equi-
pando con las herramientas más importantes para
superar los desafíos de la vida.

Si eludimos nuestra responsabilidad de pro-
porcionarles estas herramientas, nadie más se las
dará. Mediante la creación de escuelas que tengan
por objetivo enseñar a los estudiantes cómo vivir
en la era global -es decir, compartir, preocuparse
por los demás, y no olvidarse de las dos fuerzas
de la vida en cada una de sus acciones- estaremos
creando la única forma de escuelas a las que vale
la pena asistir.

Sí, PODEMOS (Y DEBEMOS)

La humanidad nunca se verá libre de proble-
mas hasta que...los amantes de la sabiduría
se hagan con el poder político, o hasta que los
que ostentan el poder...se hagan amantes de
la sabiduría.

- Platón, La República

El cambio propuesto en este libro no es uno
superficial, sino un cambio fundamental que va
más allá de la forma en que construimos nuestro
sistema económico, nuestro sistema educativo, o
incluso nuestro sistema político. Se trata de un
cambio de nuestra comprensión de la vida y, por

ende, de la sociedad en la que vivimos. Para que el cambio sea permanente, tenemos que tomar conciencia de que en nuestra etapa de desarrollo humano, nosotros, como individuos, no podemos prosperar a menos que todo el mundo lo haga.

En el pasado, ser buenos con nuestras familias era suficiente. Al hacerlo, establecíamos nuestro equilibrio con la fuerza otorgante de la naturaleza al único nivel de conciencia que teníamos: nuestras familias.

Para poder llegar a un equilibrio con la fuerza altruista de la naturaleza, tenemos que ser positivos y colaborar con todos y cada uno de los seres del mundo, dondequiera que se encuentren.

Después, a medida que nuestras comunidades fueron creciendo, tuvimos que empezar a tomar en consideración a grupos más grandes, y así fuimos aprendiendo que no era suficiente con ser buenos sólo con nuestra familia, sino que también teníamos que ser atentos y amables con los miembros de nuestra comunidad, de nuestro pueblo. Este comportamiento nos colocó en una posición de equilibrio con la fuerza otorgante a nivel de la comunidad.

Luego, seguimos creciendo aún más y tuvimos que equilibrarnos con la fuerza otorgante de la naturaleza a nivel de nación, más allá de nuestros pueblos o familias.

Y hoy en día, tenemos que hacer lo mismo con respecto al mundo entero. Nuestra conciencia, seamos capaces de percibirlo o no, ya abarca a toda la humanidad. Y por lo tanto, para poder llegar a un equilibrio con la fuerza altruista de la naturaleza, tenemos que ser positivos y colaborar con todos y cada uno de los seres del mundo, dondequiera que se encuentren.

Las consecuencias de no hacerlo pueden comprobarse al observar la crisis mundial expuesta ante nuestros ojos. No se trata de un castigo que nos envía alguna fuerza superior, sino el resultado natural de la infracción de una ley natural, como el dolor que sentimos (en el mejor de los casos) cuando ignoramos la ley de la gravedad y saltamos desde un techo sin preparación ni el equipo apropiado. Para nosotros, los seres humanos, nuestra mejor defensa es la conciencia.

Y como el estar conscientes de que el deseo de dar de la naturaleza es nuestra primera herramienta y la más importante, lo primero que debemos hacer es enseñar a los políticos sobre la función de esta fuerza y su relevancia. Tenemos que mostrarles que no hemos sido conscientes de esa fuerza hasta ahora, y que su ausencia en nuestras mentes es lo que ha causado la crisis actual. De esta manera, los políticos, que son altamente sensibles a lo que funciona y a lo que no, sabrán cómo y por qué deben cambiar sus políticas para adaptarlas a las necesidades de hoy.

Y como la vida de los políticos y los gobernantes transcurre dentro del sistema egocéntrico de la política, pronto se darán cuenta de las discrepancias entre el sistema deficiente actual y el sistema perfecto y equilibrado. De hecho, este proceso se inició espontáneamente en el momento en que estalló la crisis financiera.

El discurso del presidente estadounidense, Barack Obama, del 20 de enero 2008, en la Iglesia Bautista Ebenezer en Atlanta, Georgia, es un hermoso ejemplo de esta toma de conciencia:

"La unidad es la gran necesidad del momento, la gran necesidad de este momento. No porque suene agradable o porque nos haga sentir bien, sino porque es la única manera de superar la carencia esencial que existe en este país. No estoy hablando de un déficit presupuestario. No estoy hablando de un déficit comercial. No estoy hablando de un déficit de buenas ideas o de nuevos planes. Estoy hablando sobre un déficit moral. Estoy hablando sobre un déficit de empatía. Estoy hablando sobre una incapacidad de reconocernos los unos en los otros, de comprender que somos guardianes de nuestro hermano; somos el guardián de nuestra hermana, que... estamos todos atados juntos en una sola prenda del destino".

A la luz de esta reflexión, todo lo que necesitamos hacer es añadir el adhesivo, la sustancia que haga esa prenda resistente aunque suave y lisa a la vez. Y esta sustancia es el reconocimiento de que al unirnos, nos alineamos con la fuerza otorgante de la naturaleza.

Los políticos, que son altamente sensibles a lo que funciona y a lo que no, sabrán cómo y por qué deben cambiar sus políticas para adaptarlas a las necesidades de hoy.

Con todo, lograr la unidad entre los políticos, no significa el fin de los debates y conflictos. Sin embargo, al tener ambos deseos de la naturaleza en mente, los conflictos pueden convertirse incluso en terreno fértil para el cambio. En cuanto la opinión pública cambie gracias a los medios de comunicación, tal y como hemos descrito en el Capítulo 10, los políticos no se preocuparán por la pérdida de votos por falta de argumentos políticos. Muy al contrario, si un político es capaz de cambiar de opinión después de darse cuenta de que tomar otra dirección es lo que mejor serviría al interés del público, los electores interpretarán esta flexibilidad como un acto de fortaleza.

Es más, al hacerlo, el político en cuestión se sentirá aún más comprometido con el logro de esa nueva dirección, habiendo considerado seriamente sus pros y contras antes de decidirse por ello. El gobernante puede incluso dirigirse a la asamblea, diciendo: "Miren, he sopesado las opciones y he llegado a la conclusión de que la idea de la oposición será de mayor beneficio para el público que la mía, y por lo tanto, creo que deberíamos apoyarla".

Esto supone una gran responsabilidad, mayor incluso que la del "ganador" del debate. Y al adoptar esta postura, no sólo se refuerza la unidad, sino que se gana, además, un análisis mucho más profundo de las ideas.

La política internacional también tendrá que tomar esta nueva dirección, pues, en la era global, preocuparse por el bienestar del mundo es mucho más beneficioso que preocuparnos sólo por nuestro propio país. Naturalmente, todas las naciones tendrán que compartir esta visión para que pueda llevarse a cabo con éxito. Esto significa que para que este objetivo se haga realidad es indispensable que todos los seres del mundo estén enterados de la existencia de los dos deseos que sustentan los cimientos de nuestro mundo. Sin este conocimiento, el aislamiento y el proteccionismo prevalecerán y las guerras seguirán estallando, conduciéndonos a estados cada vez más peligrosos. De ahí que es absolutamente vital poseer este conocimiento si queremos tener una verdadera oportunidad para lograr la paz en el mundo.

UN PERPETUO BIENESTAR

*Si no fuera porque las aves acabarían comién-
doselas, la mitad de los medicamentos moder-
nos bien podrían ser tirados por la ventana.*

- Dr. Martin Henry Fischer

Hace miles de años, en la antigua China, la
medicina se practicaba de una manera muy diferente a la que se practica hoy. En aquellos tiempos,
cada hogar tenía un jarrón a la entrada de la casa.
El curador hacía sus rondas diarias pasando por
todas las casas de la aldea, fijándose en cada uno
de los jarrones. Si había una moneda en el jarrón,
se la llevaba y seguía en su camino, sabiendo que
todos los habitantes de esa casa estaban sanos.

Si, por el contrario, el jarrón estaba vacío, el curador sabía que alguien estaba enfermo. Entraba en la casa y se empleaba a fondo tratando al paciente. Cuando la persona enferma se recuperaba, se reanudaba el pago de esa moneda diaria.

Se trataba de un método sencillo que garantizaba el interés del curador por la salud de sus pacientes, ya que sus pagos continuaban mientras las personas estaban bien. Para maximizar sus ganancias, el curador necesitaba que la gente que estaba a su cargo conservara su salud el mayor tiempo posible. Por ello, recorría el pueblo en su tiempo libre, dando consejos a la gente para que cuidara su salud y regañando a los negligentes. Si alguna persona testaruda se negaba a llevar un estilo de vida saludable, el curador le excluía de sus rondas médicas y le negaba tratamiento.

Este sencillo método aseguraba que tanto el paciente como el terapeuta compartieran un interés común que no era sino el de mantener la salud: una gran diferencia con nuestra forma actual de ver la medicina.

En la medicina moderna, el sueldo de un médico depende del número de pacientes que trate al día, de las comisiones que recibe de los fabricantes de fármacos y de lo elevados que sean sus honorarios. En la medicina privada, los pacientes con mayor poder adquisitivo pagan más para acceder a mejores médicos, lo cual produce un sesgo en la calidad de la asistencia disponible para los grupos con ingresos más bajos.

Es más, el sistema de salud actual penaliza a los médicos cuyos pacientes están sanos. De hecho, el médico podría, en teoría, hasta morirse de hambre o perder su trabajo por lograr mantener la salud de sus pacientes.

En la medicina moderna, el sueldo de un médico depende del número de pacientes que trate al día, de las comisiones que recibe de los fabricantes de fármacos y de lo elevados que sean sus honorarios.

Las empresas farmacéuticas, a las que felicitamos cada vez que anuncian un nuevo medicamento o tratamiento para alguna enfermedad, se encuentran atrapadas en ese mismo círculo. Si fabricaran medicinas que realmente curasen a la gente, caerían en bancarrota. De ahí que les conviene que nosotros estemos vivos aunque mal. Todo el sistema -hospitales, compañías farmacéuticas, médicos, enfermeros y cuidadores- se benefician, en realidad, de perpetuar nuestra mala salud, pues es la única manera de sustentarse dentro del marco del sistema actual.

Pero esta realidad no es culpa de nadie. Los médicos no son malas personas, al menos no más que tú y que yo. Se encuentran atrapados en un sistema que ha sido construido para optimizar ganancias en vez de promover la salud y el bienestar. La consecuencia de esto es que los pacientes -gente común y corriente- deben protegerse, adquiriendo costosos seguros sanitarios y confiando en el sistema judicial en caso de mala praxis.

Esto, a su vez, obliga a los médicos a contratar costosas pólizas de seguros para protegerse contra los juicios por mala praxis. Todo este sistema en conjunto refleja una situación muy "patológica"...

¿Y quién es el malhechor que ha dado forma a este sistema tan enfermo? Es nuestra propia ignorancia de la naturaleza. De hecho, el sistema de salud es, tal vez, donde se hacen más evidentes los síntomas de nuestra visión miope que sólo percibe la mitad de la realidad.

RECUPERAR EL SISTEMA DE SALUD

Evidentemente, no somos capaces de emular el antiguo sistema sanitario chino. Estamos demasiado enredados en nuestros sistemas egoístas como para poder desvincularnos de ellos sin que todo el sistema se lleve hacia el colapso. El modelo chino, sin embargo, puede servirnos como un ejemplo de lo sencillo, económico y salubre que debe llegar a ser nuestro sistema sanitario.

Nadie entiende el concepto de equilibrio mejor que los médicos. En la medicina, este estado se llama "homeostasis". El diccionario *Webster* lo define como *"un estado de equilibrio relativamente estable o una tendencia hacia dicho estado, entre los distintos aunque interdependientes elementos o grupos de elementos que componen un organismo"*.

Los médicos no son malas personas, al menos no más que tú y que yo. Se encuentran atrapados en un sistema que ha sido construido para optimizar ganancias en vez de promover la salud y el bienestar.

Si volvemos a la regla de colaboración y autorealización mencionada en el Capítulo 10, ésta se expresa en medicina como la última parte de la definición anterior: *"diferentes aunque interdependientes elementos o grupos de elementos que componen un organismo"*.

Homeostasis es también lo que define la existencia de un estado de salud o de enfermedad en el cuerpo. De ahí que los médicos podrán captar este concepto muy fácilmente. Por lo tanto, el primer paso a seguir, es estudiar las dos cualidades de la naturaleza: la de dar y la de recibir. Esto creará una conciencia y una sensación de urgencia a la hora de transformar un sistema actual que cojea.

Cualquier persona que haya estudiado biología, sabe que una célula sana aporta tanto como puede al organismo que la alberga y a cambio, recibe de él sustento y protección. La célula cancerosa hace todo lo contrario: toma tanto como puede del organismo colectivo y no aporta nada a cambio. La consecuencia es que el anfitrión se consume y muere junto con las células cancerosas malhechoras.

La recompensa del personal sanitario debería ser el elogio de parte de la sociedad. Obviamente, estos trabajadores deberán ser remunerados de una manera que les permita vivir con dignidad, pero a parte de eso, su recompensa deberá originarse en el reconocimiento de la sociedad.

Es por eso que investigadores y médicos son los mejores candidatos para un cambio de conciencia, ya que pueden entender mejor que nadie la necesidad de garantía mutua entre todos los miembros de la humanidad. También se encuentran en una mejor posición para comprender que nuestro sistema sanitario actual tiene sus días contados, y que la necesidad de un cambio es inminente y apremiante.

Al igual que el sistema inmunitario del cuerpo, el trabajo de los sanadores es mantener la salud de la gente además de curarlos una vez que se hayan enfermado. Y la recompensa del personal sanitario debería ser el elogio de parte de la sociedad. Obviamente, estos trabajadores deberán ser remunerados de una manera que les permita vivir con dignidad, pero a parte de eso, su recompensa deberá originarse en el reconocimiento de la sociedad.

Como en todo tipo de transformación, el éxito depende de la atmósfera general en la sociedad. De ahí que en un ambiente centrado en uno mismo, este cambio jamás sucederá. Pero en una atmósfera de confianza y fraternidad, el cambio del que hablamos está destinado al éxito.

El sistema actual es ciertamente complejo por lo que es de suma importancia que todos los integrantes de este sistema, no sólo reconozcan la necesidad de un cambio, sino que también deseen ponerlo en práctica, simultáneamente. Entonces, del mismo modo que los síntomas de la enfermedad de la humanidad se hacen más palpables en el sistema sanitario, así también la recuperación se manifestará de manera más notoria precisamente en él.

16

FRESCOS Y TRANQUILOS...

Hasta ahora el hombre ha tenido que enfren-
tarse a la Naturaleza; a partir de ahora, se
hallará frente a su propia naturaleza.

- Dennis Gabor, Inventando el futuro, 1964

Aparentemente, el tema más sencillo de abordar en este libro debería ser el de la ecología. Sólo haría falta fabricar coches eléctricos, abastecer nuestras necesidades energéticas con energía solar o eólica y hacer que todos los plásticos sean reciclables; y ya con esto el mundo volvería a ser, una vez más, un lugar verde, hermoso, fresco y tranquilo. Pero si es tan fácil ¿por qué no hemos logrado hacerlo hasta la fecha?

Hay muchas respuestas a esta pregunta. La más obvia es que hemos estado tan ocupados ganando dinero con los combustibles fósiles y con los plásticos baratos, que hemos dejado de lado todo lo demás, incluido el planeta: nuestro hogar y el de nuestros hijos. Otra posible respuesta es que la energía solar es simplemente ineficaz y costosa, además, su uso haría subir el precio de la electricidad, hasta el punto que resultaría demasiado cara para que el ciudadano de a pie la consumiera.

Nosotros pertenecemos al nivel del hablante, el nivel más desarrollado de la naturaleza.

Sin embargo, toda esta polémica se centra únicamente en los aspectos técnicos, dejando de lado el verdadero problema: nuestra indiferencia ante el futuro de nuestro hogar terrenal y nuestra intolerancia hacia las necesidades de los demás. En resumen, como dijo el Dr. Gabor con meridiana claridad en la cita mencionada, el verdadero problema es la naturaleza humana.

Hoy en día, nuestra falta de acción hacia el estado del planeta es casi criminal: por un lado estamos sometiendo ciertas partes del mundo a inundaciones que arruinan los cultivos que sustentan a sus poblaciones y, por otro, provocamos sequías tan severas en otras partes del mundo que la gente muere de sed. ¿Por qué, entonces, somos tan despiadados con la naturaleza y con nosotros mismos?

La respuesta es que nos hemos olvidado de nuestra raíz primordial: el equilibrio de fuerzas entre el deseo de dar y el de recibir. Este equilibrio lo encontramos en todos los niveles de la naturaleza: inanimado, vegetal y animal. Pero nosotros, los seres humanos, nos consideramos superiores a la naturaleza; tal vez no en teoría, pero ciertamente en la práctica. Y la verdad es que no lo somos aunque ciertamente constituimos una parte esencial de ella.

Nosotros pertenecemos al nivel del hablante, el nivel más desarrollado de la naturaleza. Como tal, también constituimos la parte más influyente de ella, por lo que nuestras acciones afectan a todos los demás niveles. Pero lo que es aún más importante: nuestro estado interno afecta al resto de la naturaleza tan poderosamente como nuestras acciones, o incluso más. Esto significa que cuando nuestra condición interna se encuentra en desequilibrio, con egoísmo y desconocimiento de la fuerza otorgante de la naturaleza, esta condición se propaga a todos los demás elementos de la naturaleza y todos terminan sufriendo: plantas, animales y seres humanos.

De ahí que aún si todos nosotros condujéramos vehículos eléctricos y utilizáramos únicamente la energía procedente de fuentes renovables, el mundo no sería un lugar más habitable. Lo que sí cambiaría las cosas es familiarizarnos con el deseo de dar e incorporarlo a nuestras vidas.

Nuestro estado interno afecta al resto de la naturaleza tan poderosamente como nuestras acciones, o incluso más.

Piénsalo: cuando sufrimos una leve molestia como un resfrío común, éste afecta al cuerpo entero. No podemos respirar tan fácilmente, perdemos el apetito, tenemos fiebre, nos sentimos debilitados y cae nuestra capacidad de concentración. El mundo está igualmente interconectado, como un inmenso organismo, y todo lo que hacemos afecta a todos y a todo. De ahí que, tarde o temprano, tendremos que aprender sobre el equilibrio de la naturaleza desde el nivel más básico -el nivel de los deseos- y aplicarlo a nuestras vidas.

Lo cual no quiere decir que si yo ayudo a una anciana a cruzar la calle, esto hará que un huracán deje de soplar sobre el Atlántico. Esto simplemente significa que si *todos* nosotros nos preocupamos por el bienestar de todos los demás, al menos tanto como nos preocupa el nuestro, y lo hacemos con el fin de llegar a conocer la fuerza otorgante, entonces, todos nosotros en conjunto lograremos hacer del sufrimiento cosa del pasado.

Esto puede sonar un tanto fantástico e irreal, pero si recordamos que el único elemento inarmónico y disruptivo en la naturaleza somos nosotros, los seres humanos, entonces es lógico pensar que cuando estemos unidos en armonía y equilibrio, el infierno en el que estamos convirtiendo nuestro planeta se convierta en todo lo contrario. Y la parte más maravillosa aún es que no tendremos que empeñarnos en grandes obras para que esto suceda, ya que nuestros recién equilibrados sentidos nos conducirán automáticamente al comportamiento correcto para llegar a la creación de un paraíso aquí en la Tierra.

Y esto es tan válido para la ecología como para la economía, la educación, la salud y cualquier otro aspecto de nuestras vidas.

EPÍLOGO

He titulado este libro, *Rescate de la Crisis Mundial: Una guía práctica para emerger fortalecidos*, porque hoy ya no podemos confiar en que sean otros los que lo hagan por nosotros. Y aunque la única forma de salir de esta crisis es trabajando juntos, la decisión de poner esto en práctica está en manos de cada uno de nosotros.

Como hemos venido explicando a lo largo del libro, el universo está construido sobre el equilibrio entre dos fuerzas: el deseo de dar y el deseo de recibir. Y como estas fuerzas subyacen en todo lo que existe, cada elemento del universo debe

mantener ese equilibrio en su interior. Los objetos y criaturas que no lo mantengan no podrán
perdurar.

En el reino animal, los animales sólo comen
lo que necesitan y el resto, lo dejan intacto. De esta
manera, mantienen el equilibrio de la naturaleza,
favoreciendo instintivamente el pasto en lugares
donde abunda la hierba por sobre las áreas donde
escasea, o escogiendo como presas sólo a aquellos
animales débiles o enfermos. Es así como la naturaleza conserva y promueve el bienestar de las
plantas y animales más fuertes y sanos.

Pero el hombre ya es una historia totalmente
diferente, ya que como estamos interconectados,
pretendemos, consciente o inconscientemente,
usar nuestras relaciones para recibir, no sólo de la
naturaleza, como en el caso de los animales, sino
también de otras personas. Y cuando empezamos
a aprovecharnos de los demás, perdemos nuestra
sintonía con las dos fuerzas de la naturaleza, por estar abusando del deseo de recibir y haciendo caso
omiso del deseo de dar.

Al comportarnos de esa manera, destruimos el
equilibrio entre las dos fuerzas que forman la vida,
perjudicando así al conjunto de la naturaleza. Las
múltiples crisis a las que nos enfrentamos hoy día,
son en realidad diferentes manifestaciones de este
mismo trastorno: el desequilibrio que infligimos

en la naturaleza. Si aprendemos a equilibrar estos deseos dentro de nosotros -tomar lo que necesitamos y dar el resto a la naturaleza y a la humanidad-, el equilibrio se restablecerá de inmediato, y todos los sistemas se estabilizarán como un enfermo que, de pronto, recobra la salud.

> *En el momento en que cambiemos nuestra actitud hacia otra que busque el beneficio de todos, estaremos remediando lo que ha venido fallando desde los tiempos de Babilonia. Y el efecto será inmediato.*

Como explicamos en el Capítulo 10, desde el nivel del átomo hasta las más complejas relaciones humanas, la existencia en todos los niveles de la creación se hace posible sólo mediante la *colaboración* y la *auto-realización*. Por lo tanto, para la supervivencia de la humanidad, todos nosotros debemos llegar a realizar nuestro potencial personal plenamente, mediante la aportación a la sociedad en la que vivimos. Y hoy en día, esta sociedad es el mundo entero.

En los albores de la segunda década del siglo XXI, se hace cada vez más evidente que los días de los logros personales y egocéntricos están llegando a su fin. Desde el siglo XIX, la principal corriente económica ha sido la del "hombre económico" (*homo economicus*), la corriente que se basa en el concepto de que los seres humanos somos "actores *auto*-interesados".

Con el fin de invertir esta tendencia negativa y sanar al mundo lo antes posible, tenemos que hacer una pequeña aunque vital enmienda: "*humanidad económica*". Esta nueva forma de actuar vendrá dictada por seres humanos *colectivo*-conscientes, que se interesen por la *colectividad* a la que pertenecen.

Y aunque la única forma de salir de esta crisis es trabajando juntos, la decisión de poner esto en práctica está en manos de cada uno de nosotros.

En el momento en que cambiemos nuestra actitud hacia otra que busque el beneficio de todos, estaremos remediando lo que ha venido fallando desde los tiempos de Babilonia. Y el efecto será inmediato. Hoy en día, cada científico, político, economista y cada persona de negocios, saben que todos nosotros somos interdependientes. Es por eso que hoy todos los líderes mundiales, desde Obama a Putin pasando por Brown, están promoviendo la unidad. Sin embargo, para lograrla necesitamos a *todos y cada uno* de los seres del mundo. *Todos* estamos sujetos a la ley del equilibrio de la naturaleza; de ahí que se trata en realidad de una responsabilidad colectiva: la de todos nosotros en conjunto.

A modo de conclusión, me gustaría decir que dada la envergadura de la tarea que tenemos por delante, he decidido que el cielo es el límite y por lo tanto me permito ofrecer una sugerencia más: para poder realmente *rescatarnos y emerger fortalecidos* de esta situación apremiante, cada uno de nosotros debería preguntarse no, **qué es lo que el mundo puede hacer para mí,** sino, **qué es lo que yo puedo hacer para el mundo.**

Apéndice

Acerca del autor

El Doctor Michael Laitman es profesor de Ontología; cuenta con un Doctorado en Filosofía y Cabalá y una Maestría en Biocibernética médica. Es el fundador y presidente de Bnei Baruj y del *Ashlag Research Institute* (ARI), dos organizaciones educativas internacionales con sede en Israel y centros adicionales en Norte, Centro y Sudamérica, así como en Europa Oriental y Occidental.

En su página web, www.kab.info, imparte a diario lecciones gratuitas de Cabalá y espiritualidad a una audiencia de aproximadamente dos millones de personas en todo el mundo. Dichas lecciones se transmiten en directo y se traducen en vivo a ocho idiomas: inglés, español, hebreo, italiano, ruso, francés, turco y alemán. El Doctor Laitman, asimismo, se presenta con frecuencia en el Canal 66, el cual es distribuido por los dos mayores proveedores de televisión por cable y por satélite en Israel: HOT y YES.

ACERCA DE BNEI BARUJ

Bnei Baruj es un grupo de cabalistas de Israel que pretende compartir la sabiduría de la Cabalá con todo el mundo. Cuenta con materiales de estudio basados en textos cabalísticos auténticos que se han ido transmitiendo de generación en generación. En la actualidad, este material está traducido a más de 30 idiomas.

HISTORIA Y ORÍGENES

En 1991, tras el fallecimiento de su maestro, el Rabash, Michael Laitman estableció un grupo de estudios de Cabalá llamado "Bnei Baruj". Laitman fue el alumno aventajado y el asistente personal del Rabash, siendo reconocido como el sucesor de su método de enseñanza.

El Rabash fue el hijo primogénito y sucesor de Baal HaSulam (1884-1954), el cabalista más grande del siglo XX. Baal HaSulam es el autor del comentario más amplio y autorizado sobre *El Libro del Zohar*, titulado *El Comentario Sulam* (escalera). Este gran cabalista fue el primero en revelar el método completo para alcanzar la elevación espiritual.

En la actualidad, Bnei Baruj basa todo su método de estudio en el camino que nos prepararon estos dos grandes maestros espirituales.

MÉTODO DE ESTUDIO

El método de estudio único desarrollado por Baal HaSulam y su hijo, el Rabash, es el que se imparte y se sigue a diario en Bnei Baruj. Este método está basado en fuentes cabalísticas auténticas como son *El Libro del Zohar*, de Rabí Shimon Bar-Yojai, *El Árbol de la Vida*, del Ari, y *El Estudio de las Diez Sefirot*, de Baal HaSulam.

A pesar de que el estudio está basado en estas fuentes cabalísticas auténticas, éste se lleva a cabo empleando un lenguaje sencillo y común, todo ello desde una perspectiva contemporánea y científica. El desarrollo de esta metodología ha hecho que Bnei Baruj sea una organización respetada tanto en Israel como a nivel internacional.

Esta combinación única de un método de estudio académico junto a la propia experiencia personal, expande la perspectiva del estudiante y le otorga una nueva percepción de la realidad en la que vive. A aquellos que siguen el camino espiritual, se les proporciona las herramientas necesarias para que se estudien tanto a sí mismos, como a la realidad que les rodea.

EL MENSAJE

Bnei Baruj es un movimiento diverso con alrededor de dos millones de estudiantes en todo el mundo. La esencia del mensaje que difunde Bnei

Baruj es de carácter universal: la unidad entre las personas y las naciones y el amor al ser humano.

Por miles de años, los cabalistas han estado enseñando que el amor hacia el hombre debe constituir la base de toda relación humana. Este sentimiento reinaba en los tiempos de Abraham y en el grupo de cabalistas que él estableció. Si recuperamos estos valores ancestrales, aunque contemporáneos, descubriremos en nosotros la capacidad de olvidarnos de nuestras diferencias y unirnos.

La sabiduría de la Cabalá, oculta durante miles de años, ha estado esperando el momento en que la humanidad estuviera lo suficientemente desarrollada y preparada para poner en práctica el mensaje que encierra. En la actualidad, está resurgiendo como una solución capaz de unir diferentes grupos y facciones en todas partes, permitiéndonos, como individuos y como sociedad, enfrentarnos a los retos que nos presenta la vida hoy.

ACTIVIDADES

Bnei Baruj fue creado bajo la premisa de que *"sólo a través de la propagación de la sabiduría de la Cabalá entre las masas podrá el mundo salvarse de su extinción"* (Baal HaSulam). De ahí que Bnei Baruj ofrece toda una variedad de formas para que la gente pueda explorar su vida y la naturaleza, ofreciendo una cuidadosa orientación tanto a los alumnos principiantes como a los avanzados.

Televisión

Bnei Baruj ha creado una productora, ARI Films (www.arifilms.tv), especializada en la realización de programas educativos de televisión por todo el mundo y en diversos idiomas.

En Israel, Bnei Baruj tiene su propio canal de televisión por cable y vía satélite 24 horas al día. Todas las emisiones de este canal son gratuitas. Y los programas están adaptados a todos los niveles, con emisiones dirigidas tanto a los más principiantes como a los estudiantes avanzados.

Internet

El sitio web de Bnei Baruj, www.kab.info, presenta la auténtica sabiduría de la Cabalá a través de ensayos, libros y textos originales. Es la fuente de difusión de auténtico material cabalístico con más repercusión en la red, albergando una exclusiva y extensa biblioteca para todo aquel que desee explorar a fondo las fuentes autenticas de esta sabiduría que trasciende el tiempo.

El Centro de Estudios en línea de Bnei Baruj (www.arionline.info/es), ofrece cursos gratuitos de Cabalá para principiantes, introduciendo a los estudiantes en este profundo cuerpo de conocimiento y desde la comodidad de sus hogares.

El canal de televisión de Bnei Baruj se retransmite vía Internet en www.kab.tv/spa ofreciendo,

entre otros programas, las clases diarias del Profesor Laitman complementadas con textos y gráficos.

Todos estos servicios se proporcionan de manera gratuita.

Libros

Bnei Baruj publica libros de Cabalá auténtica.
Estos libros son esenciales para un entendimiento
óptimo de esta sabiduría, explicada día a día en las
lecciones del Profesor Laitman.

Los libros del Doctor Laitman están escritos
en un estilo contemporáneo y sencillo, basándo-
se en los conceptos de Baal HaSulam. Estos libros
constituyen un eslabón esencial entre el lector contemporáneo y los textos originales. Todos los libros
están a la venta en www.kabbalahbooks.info, además de estar disponibles para su descarga gratuita.

Financiación

Bnei Baruj es una organización sin fines de
lucro dedicada a la enseñanza y a la difusión de
la sabiduría de la Cabalá. Para mantener su in-
dependencia y pureza de intenciones, Bnei Baruj
no recibe financiación ni apoyo ni tiene vínculo
alguno con ninguna organización política o gu-
bernamental.

Dado que la mayor parte de sus actividades se
proporcionan al público sin coste alguno, la fuente

principal de financiación para las actividades del grupo son las donaciones y el diezmo -al que contribuyen los estudiantes de manera voluntaria-, así como los libros del Doctor Laitman, los cuales son puestos a la venta a precio de coste.

Información Adicional

Laitman Kabbalah Publishers
1057 Steeles Avenue West, Suite 532
Toronto, ON, M2R 3X1, Canada

Bnei Baruch USA
2009 85th street, #51,
Brooklyn, NY 11214, USA

E-mail:
info@kabbalah.info

Sitios web:
www.laitman.es
www.kab.info
www.kab.tv/spa

Gratis en EEUU y Canadá:
1-866-LAITMAN
Fax: 1-905 886 9697

OTROS LIBROS DEL AUTOR

Cabalá para Aprendices

(Grupo Editorial Norma, Chile)

Cabalá para Aprendices es un libro para todo aquel que esté buscando respuestas a las preguntas esenciales de la vida, tales como, "¿para qué venimos a este mundo?", "¿por qué experimentamos placer y dolor?" y "¿por qué los seres humanos somos como somos?"

En este libro, el lector encontrará un método claro y confiable para comprender los fenómenos de este mundo. Además, ayudará a quienes buscan la verdad espiritual a dar el primer paso hacia la compresión de las raíces del comportamiento humano y de las leyes de la Naturaleza.

En estas páginas se encuentran los principios fundamentales de la Sabiduría de la Cabalá, acompañados por una clara descripción de su funcionamiento.

La Cabalá es un método sumamente acertado, sistemático y probado a través del tiempo, el cual nos ayuda a estudiar y definir nuestro lugar en el Universo. Esta sabiduría nos explica por qué existimos, de dónde venimos, por qué nacemos, para qué vivimos y adónde nos vamos cuando dejamos nuestra vida en este mundo.

Cabalá: *Alcanzando los Mundos Superiores*
(Grupo Planeta, Chile)

Una meta importante en el estudio de la Cabalá es utilizar este conocimiento para influir en el destino de cada uno de nosotros. El proceso incluye darnos cuenta del verdadero propósito de estar aquí, descubriendo el significado de la vida y la razón por la cual ésta se nos ha otorgado.

Alcanzando los Mundos Superiores es una magnífica introducción a la sabiduría de la Cabalá, un primer paso hacia el descubrimiento del máximo logro del ascenso espiritual. Este libro llega a todos aquellos que buscan respuestas y para quienes tratan de encontrar una manera lógica y confiable de entender los fenómenos mundiales.

Brinda una nueva clase de conciencia que ilumina la mente, da vitalidad al corazón y lleva al lector a las profundidades de su alma.

Tu propósito en la vida

(Grupo Planeta, México)

La Cabalá es una sabiduría ancestral, con 5,000 años de antigüedad, que se remonta a la Antigua Mesopotamia. Detalla cómo están conformados los mundos, incluyendo el nuestro, y las fuerzas que actúan sobre nosotros.

Escrituras del siglo pasado afirman que nuestra generación es la primera capaz de usar la Cabalá en nuestro mundo material para alcanzar el infinito.

Tu propósito en la vida es una versión más corta, pero no menos profunda, del libro *Alcanzando los Mundos Superiores* para quienes deseen realizar una lectura sintetizada de este libro, el cual permite al lector progresar en la comprensión de esta sabiduría y utilizar dicho conocimiento de forma apropiada, elevando la mirada por encima del horizonte del universo material.

Torre de Babel – Último piso
Israel y el futuro de la humanidad
(Laitman Kabbalah Publishers)

En estos días estamos siendo testigos de un proceso que inició miles de años atrás y que ha estado diseñando nuestra historia y determinando los eventos de nuestras vidas desde esa fecha en adelante.

En el pasado, la humanidad se centró en Mesopotamia, alrededor de la antigua Babilonia. Entonces, hubo un estallido del egoísmo y las personas se alejaron, se dividieron. Esa también fue la época en que la Cabalá fue revelada. Pero cuando los cabalistas se dieron cuenta que el mundo todavía no necesitaba esta sabiduría, se vieron obligados a ocultarla y la han estado guardando para la época en que la humanidad necesitara cambiar su corazón.

Para compensar la insatisfacción, hemos desarrollado grandes avances tecnológicos y científicos, pero estamos viendo que eso no nos ha traído el resultado esperado.

Actualmente, en los albores del siglo XXI, finalmente estamos listos. Miles de años de evolución no nos han hecho más felices, y es dentro de esta confusión e inseguridad que la Cabalá puede surgir y prosperar, ofreciendo una nueva solución.

Torre de Babel – Último piso, es un libro único que presenta los fundamentos de la sabiduría de la Cabalá, además de investigaciones contemporáneas en varios campos de la ciencia. Al leerlo, llegaremos a conocer el programa evolutivo que la Naturaleza ha reservado para nosotros, y entenderemos cuánto mejor es implementarlo, alcanzado así felicidad y plenitud duraderas.

La voz de la Cabalá

(Laitman Kabbalah Publishers)

En nuestra época, hay una sensación general de que "todo el mundo estudia Cabalá". Sin embargo, la sabiduría de la Cabalá no es una moda pasajera, sino, un método ancestral que pertenece a la cima del pensamiento humano; una sabiduría que abarca todo lo que requiere el ser humano para lidiar con los grandes desafíos que enfrenta.

El libro *La Voz de la Cabalá* es una recopilación de los principales artículos de Cabalá publicados en nuestro periódico en español, clasificados en 10 capítulos que constituyen un mosaico rico y completo de esta sabiduría milenaria, para todo aquel que esté realizando sus primeros pasos en este camino.

Cabalá para principiantes

(Ediciones Obelisco, España)

La sabiduría de la Cábala es un método antiguo y experimentado, mediante el cual el ser humano puede recibir una conciencia superior, alcanzando la espiritualidad. Si alguien siente un deseo y un anhelo de espiritualidad, podrá encauzarlo por medio de la sabiduría de la Cábala, otorgada por el Creador.

La Cábala enseña un método práctico para aprender a conectar con el mundo superior y la fuente de nuestra existencia mientras estamos en este mundo. El hombre alcanza así la perfección, toma las riendas de su vida y trasciende los límites del tiempo y del espacio, llenando de sentido su vida y alcanzando la serenidad y el gozo infinito desde este mundo.

El poder de la Cabalá

(Grupo Planeta, España)

Hoy en día, mucha gente se siente sin rumbo en la vida ante las promesas incumplidas de riqueza, salud, y felicidad que se suponía traería el desarrollo tecnológico y científico. Muy pocos logran todo eso, e incluso no pueden afirmar que tendrán lo mismo mañana.

Pero el beneficio de este estado es que nos está forzando a reexaminar nuestra dirección y preguntarnos: "¿Es posible que estemos equivocando el camino?"

El poder de la Cábala es un manual de instrucciones para la vida, un método para comprender y vivir en armonía con las leyes del universo. Es el mismo libro *Alcanzando los Mundos Superiores*, con una presentación diferente, de acuerdo al país de publicación.